Balade guerriere

Victor Petit
Benjamin Petit

Balade guerrière
Souvenirs de temps de guerre
1940 - 1944

Les propos exprimés dans ce livre sont de la seule responsabilité de l'auteur

Toutes les illustrations et photographies appartiennent à la collection de l'auteur, sauf mention contraire dans la légende

© 2019, Benjamin Petit

Édition : BoD – Books on Demand
12/14 rond-point des Champs-Élysées, 75008 Paris
Impression : BoD - Books on Demand, Norderstedt, Allemagne

ISBN : 978-2-3221-2643-9

Dépôt légal : mars 2019

Remerciements

Au colonel Sébastien Chenebeau, chef de corps du 1er RCP, mes relecteurs, mes proches et amis qui m'ont apporté leur soutien dans l'aboutissement de ce projet.

Cet ouvrage est dédié à mon grand-père, aux vieilles suspentes et aux chasseurs parachutistes morts dans les combats de la libération.

Vaincre ou mourir,
devise du 1er régiment de chasseurs parachutistes

Prends garde aux rapaces qui fondent du ciel,
refrain du régiment

TABLE DES MATIERES

Préface 1
Avant-propos 5
   Les premiers temps 17
   Quitter la France 23
   Vers l'Angleterre 31
   L'Afrique du Nord 39
   Les chantiers de jeunesse 45
   L'engagement 73
   La campagne de France 93
   La fin 101
Epilogue 111
Annexes 113
   La fée de l'oasis 115
   Marche du 1er RCP 123
Bibliographie 125

Préface

La Deuxième Guerre mondiale, après la malheureuse défaite de 40, a vu une cohorte de héros anonymes se lever. Victor Petit appartient à cette phalange qui, n'écoutant que son devoir et poussé par l'intrépidité de ses vingt ans, a répondu à l'appel des armes. Le patriotisme, c'est certain, l'a animé. La soif d'action couplée à l'esprit de sacrifice l'a conduit vers le bureau de recrutement pour ces troupes étranges mais dont la réputation n'était déjà plus à faire, les aéroportés, encore appelées en France infanterie de l'air.

Que de nobles motivations !

Les premiers paras français n'ont pas encore été employés quand Victor Petit s'y engage et ce sont les Allemands qui, les premiers, ont fait usage avec succès de ces audacieux soldats de l'insolite. Les premiers commandos français déjà créés gagnent rapidement une réputation d'intrépidité sur les nombreux théâtres d'opérations périphériques où ils sont envoyés. De leur côté, les Américains préparent une grande armée aéroportée, entraînant dans leur sillage les troupes de l'armée d'Afrique qui ont repris le combat. Avec elles, ils ont bien l'intention de venir à bout de la forteresse Europe.

Victor Petit, plein de ressources, est déjà un homme de la 3ème dimension, pour utiliser un terme anachronique à l'époque, commençant à travailler chez Breguet où il approche les chasseurs en construction. Il possède le goût du travail bien fait et son épopée pour rejoindre l'Afrique du Nord démontrera son opiniâtreté et son goût de l'aventure en sillonnant ces contrées puis l'Italie et l'Est de la France au son du clairon.

Ces mémoires ne sont pas une ode à la guerre. Personne ne pouvait y échapper dans ces temps troublés de danger et de souffrance. Il suit donc son époque et répond à l'appel pressant de la patrie à reconquérir. La guerre a un visage attirant pour un jeune homme : le décorum militaire qui l'entoure en étouffe les aspects les plus sombres quand la mort rôde au détour de la piste, quand la force mécanique décuple le pouvoir de destruction. Peu s'y complaisent mais les événements s'entrechoquent et c'est en connaissance de cause que le soldat est happé par le devoir. Sûr de lui, il s'engage sans arrière-pensée dans la guerre. Si elle peut montrer alors son visage horrible, elle révèle aussi les caractères, les âmes s'élèvent et l'héroïsme est monnaie courante.

Les paras du 1er ne font pas exception à la règle. Ils recherchaient, en 1943, la tourmente et la bagarre, ce dont les autres ne veulent pas, selon le poème de l'aspirant Zirnheld. Cela leur sera un temps refusé. Après un long entraînement en Afrique du Nord, ils sont brinqueballés de la Sicile à Rome puis en France après le débarquement de Provence, jusqu'au moment suprême de l'engagement pour libérer une parcelle de leur très chère terre de France. Ils n'ont pas prêté le serment de libérer Strasbourg mais l'arc de triomphe qui figure sur leurs fanions ne laisse pas de doute sur leur volonté de vaincre, ou de mourir. Telle la devise qu'ils se sont donnée. Ceux qui sont tombés pendant la dure campagne des Vosges n'ont pas freiné l'ascension du 1er RCP au firmament de la gloire. Victor Petit est de ceux-là quand, dans les premiers jours, il est frappé par une balle ennemie. C'est une épreuve pour lui mais un sacrifice nécessaire pour le salut de la patrie. Héros par le combat mené, il entre dans la légende dorée du 1er RCP.

La courte carrière de Victor Petit nous donne à voir le vrai visage de la guerre : son injustice, ses moments parfois heureux, souvent malheureux. L'insouciance est présente dans ce récit simple et direct tout autant que le sérieux qui sied à la situation. Une vie de soldat telle que la sienne, aussi éphémère, nous dévoile paradoxalement sa richesse. Il a été confronté au danger, certainement aussi à la peur, bien qu'elle transparaisse peu dans le récit, démontrant ainsi la hauteur morale de l'engagement contracté. Son témoignage éclaire l'avenir et nous prouve, s'il le fallait encore, que les paras d'hier et d'aujourd'hui sont toujours poussés par un noble idéal. Les mots du colonel Geille, la veille de l'engagement dans les Vosges, le résument si simplement : la victoire ou la mort.

Colonel Chenebeau, chef de corps du 1er RCP,
2017-2019

Avant-propos

Mon grand-père Victor ne parlait pas beaucoup de la guerre. Il évoquait parfois quelques anecdotes qui le faisaient sourire, de petites histoires de son exil forcé. Il s'agissait souvent de scènes de jeunes de 20 ans qui se retrouvent du jour au lendemain dans une guerre et un tourbillon d'événements qui les dépassent. Elles lui semblaient sans doute banales et il les racontait avec une certaine insouciance, voire une sorte de nostalgie, peut-être pour prendre plus de distance et dédramatiser les circonstances. Peut-être ne s'était-il pas bien rendu compte de tout ce qu'il se passait autour de lui. Par sa jeunesse, il a dû vivre ces choses sans décalage, sans recul sur l'instant.

Il avait toujours cette pudeur et cette digne retenue qui caractérisent nos anciens. Il n'était pas du genre à s'épancher et raconter ses campagnes, comme on dit dans le jargon. Il restait plutôt évasif sur le sujet, racontait en souriant mais sans s'éterniser. Puis il passait à autre chose. Je ne suis maintes fois demandé s'il m'en aurait parlé davantage si j'avais insisté. Peut-être aurais-je dû provoquer le moment, déclencher ses aveux à un instant précis. J'aurais peut-être dû le prendre à part ou le déranger dans sa routine en le sortant de ses mots croisés ou de sa lecture du moment. Peut-être aurait-il changé de sujet ou apprécié ce moment pour finalement partager pleinement des souvenirs qu'il n'avait gardés que pour lui.

Lecteur assidu et très bon cruciverbiste, il était passionné d'aviation et féru d'histoire militaire. La grande bibliothèque du salon était bien garnie : guerre de 14-18, de 39-45, Indochine, Algérie, guerre froide, espionnage, magazine *le fana de l'aviation*, ... la liste est longue. Il avait de quoi occuper ses journées, plongé dans ses lectures, tranquillement installé dans un des vieux fauteuils en cuir, face à la cheminée. Il aimait les livres et en recevait d'ailleurs régulièrement aux occasions qui ponctuent l'année, à Noël, la fête des pères, son anniversaire ou de façon inopinée, à la sortie d'un ouvrage particulier. Je me m'étais jamais rendu compte du nombre qu'il possédait jusqu'à ce que j'obtienne après sa mort le feu vert familial pour faire le point et en récupérer la plupart. Je mesure encore leur volume et leur poids à chaque mutation, au moment de faire les cartons.

J'ai appris son décès par ma mère, qui essayait en vain de me joindre alors que j'étais en rotation avec ma compagnie au CENTAC[1] à Mailly-le-Camp. Ceux qui sont passé en RCA, région Champagne Ardenne pour les profanes, savent de quoi je parle. Il y a encore aujourd'hui des zones du camp qui ne sont pas couvertes par les opérateurs téléphoniques. Imaginez le réseau en 2006.

Il faisait froid en ce mois de février. Je venais de passer les écrits du concours de l'EMIA[2] quelques semaines auparavant. La compagnie effectuait son entraînement sous la neige. Les températures, glaciales, étaient descendues jusqu'à moins 15 degrés dans le VAB, fidèle à sa réputation de congélateur l'hiver. Le téléphone vibre, un message d'appel s'affiche. Pas ou peu de réseau. Mes parents savent que je suis sur le terrain et j'en conclu que cet appel doit être important. Extraction rapide du véhicule en quête d'un point haut. Le message vocal est fort et hachuré, impossible à comprendre. Je rappelle mais nous sommes coupés. J'arrive finalement à avoir la liaison et apprends la triste nouvelle.

Je rends compte dans la foulée à mon chef de section qui me donne l'autorisation de quitter la rotation pour rentrer au plus vite. Direction la gare de Mourmelon. Je ne me souviens plus du voyage, si ce n'est du service de semaine qui m'attend avec la P4 en gare du Mans pour me ramener au régiment. Je prends ensuite le

---

[1] Centre d'Entraînement au Combat.
[2] Ecole Militaire Interarmes, concours interne permettant aux sous-officiers et aux militaires du rang de devenir officier.

chemin de la Touraine, d'abord chez mes parents puis ensuite à Preuilly-sur-Claise, où résident mes grands-parents.

Sur place, toute la famille est présente. Comme toujours à l'occasion de ce type d'événement, c'est le moment de retrouver des cousins éloignés, non vus depuis des années. De nombreux anciens combattants et autorités militaires du département sont également présents.

Ce n'est qu'après son décès que que mon père a mis au jour la plus grande partie de la documentation relatant de la période de la guerre. Papiers divers, documents militaires, photos et négatifs ont peu à peu refait surface au hasard des rangements et recherches.

C'est par hasard lors d'une permission au printemps 2010 que j'ai trouvé l'original de son brevet de parachutiste. La maison était vide depuis quelques temps déjà car ma grand-mère avait dû être placée en maison de retraite. Malade, elle n'a pu s'assumer longtemps seule et la mort de son mari n'a fait qu'accélérer la chute de sa santé. Mariés en septembre 1945, ils avaient fêté leurs 60 ans de mariage pendant l'été 2005, alors que j'étais en mission de courte durée au Sénégal. Un être disparaît et c'est toute une vie qui s'écroule.

La maison familiale dans laquelle mon père et ses sœurs, puis la génération de cousins dont je fais partie ont passé leurs vacances d'été et de nombreux Noël, avait été relativement préservée du grand nettoyage par le vide et de la répartition des biens qui suivent un décès. Rien ou presque n'avait bougé. Mes parents, géographiquement les plus proches, venaient de temps en temps ouvrir la maison, faire le point du courrier et s'assurer du bon entretien du jardin.

Pendant cette journée, je sortais et disposais sur le tapis du salon les livres de la bibliothèque, style années 70. Le premier constat est qu'il serait impossible de tout prendre. Il fallait se résoudre à sélectionner une partie et se séparer du reste. Quel crève-cœur ! Je décidais quels livres allaient être sauvés et lesquels allaient être jetés en trois piles distinctes. Je garderai ceux de la première. La troisième irait malheureusement à la benne. L'avenir des livres de la seconde était en suspens. C'étaient les livres pour lesquels j'étais indécis, le tas le plus volumineux. Je tranchais après une seconde revue. J'en gardai finalement une bonne partie et mis les autres sur le côté.

Sans pour autant faire un rangement de bibliothécaire, Victor organisait ses livres selon un certain ordre, une certaine thématique. La bibliothèque était aussi bien organisée et ordonnée que son établi et ses outils. Chaque place a sa chose et chaque chose a sa place. J'ai dû hériter de cette qualité, pour ne pas dire un peu maniaque, car je fais de même avec mes livres, disques compacts ou vinyls, quitte à passer pour un toqué. C'est plus simple pour s'y retrouver.

La sélection se poursuit. Mon père trie de son côté les papiers, assurance, succession, actes de la maison, et se demande sûrement comment nous allons pouvoir charger la voiture avec ma sélection et ce qu'il compte prendre de son côté.

Je sors du rayon un épais livre à la couverture verte ; au titre écrit en rouge : *Histoire des parachutistes*. Feuilleté quelques années auparavant, je n'avais jamais pris le temps de m'y arrêter plus longtemps. Avant de le poser, il va de soi, sur le premier tas, je m'y attarde quelques instants. Je prends une pause pour regarder en diagonale les vieilles photos des pionniers de l'infanterie de l'air, les Sauvagnac, Faure, Geille et consorts. Ces glorieux noms que je connaissais pour les avoir entendus prononcer par mon grand-père mais sur lesquels je peinais à mettre un visage et une histoire. Sous-officier au 2e RIMa jusqu'à mon entrée à l'EMIA, j'étais plus au fait des grands anciens de la coloniale, des Delayen, Château-Jobert ou Bigeard, que des paras métro, aussi prestigieux soient-ils.

Je me souviens avoir eu le réflexe de passer ma main sur la couverture, comme pour en enlever la poussière qui n'existait pas, juste avant d'en saisir l'angle et de l'ouvrir. Entre la couverture et la première page, je trouve l'original du brevet para. Mon grand-père l'avait soigneusement mis à l'abri dans cet ouvrage de référence. Il était presque comme neuf, sans un pli, bien qu'un peu jauni par les années. Avec émotion, je voyais pour la première fois ce précieux document intitulé *diplôme du brevet militaire d'aptitude aux fonctions de parachutiste de l'infanterie de l'air*. Daté de juillet 1943, tout était écrit à la plume, et le numéro de brevet : 893. J'appelle mon père, fier de ma découverte. A sa vue, il est devenu tout rouge et a versé sa larme. En bon fils un peu taquin, je me mis à rire et me suis moqué de lui. Pour sa défense, il me semble bien qu'il ne l'avait, lui non plus, jamais vu.

Au fil de la journée, alors que je continue à choisir les livres, mon père met au jour de nombreux documents : échanges de lettres avec Breguet, livret militaire, laisser-passer divers, bulletins de permissions et cartes de la région des Vosges. J'avais déjà vu certains d'entre eux en fouinant quand j'étais plus jeune. La grande maison, une ancienne ferme, recelait de pièces et de recoins à explorer. Je profitais pendant mes séjours que mes grands-parents vaquaient à d'autres occupations pour mettre mon nez un peu partout. La curiosité est parfois un vilain défaut et je me gardais bien de partager ces moments. Les connaissant, je n'ose imaginer ce que j'aurais pris si je m'étais fait attraper. Mais je n'ai pas souvenir d'avoir reçu une correction de mon grand-père. Avec sa blessure au bras, je ne suis pas sûr qu'il eût été en mesure d'être efficace. Je me serais tout de même bien gardé de l'énerver. Je me souviens en revanche de deux ou trois calottes de ma grand-mère. Il me revient surtout en mémoire la désagréable sensation du diamant de sa bague qui effleurait ma joue. D'un revers de sa main, cette pierre précieuse m'avait une ou deux fois bien calmé dans mes excès de jeunesse.

Quand ma sœur et moi allions chez eux, nous retrouvions très souvent nos cousins et cousines. Nous avions moins de droits mais plus de libertés. Ils étaient sévères mais justes. J'étais le préféré des petits enfants car seul petit-fils portant le nom de famille, ce qui rendait fier mon grand-père. Ce n'est que quelques années plus tard que j'ai pris conscience de cette différence de traitement.

Mes deux paires de grands parents avaient la particularité d'habiter dans la même ville, Preuilly-sur-Claise, dans le Sud de l'Indre-et-Loire. Mes grands-parents maternels possédaient une charcuterie, héritage familial, fondée en 1854, et ont pris leur retraite en 1985. Paisible, la bourgade offrait de grands espaces de jeux pour des enfants. Piscine pour apprendre à nager et chahuter, rivière pour naviguer, nager, et pêcher, vieux château en ruines à visiter et superbe église et ex-abbatiale Saint-Pierre, des XIe et XIIe siècles, pour la messe du dimanche, obligatoire avec les grands-parents.

Les familles Petit et Chaboisson, nom de jeune fille de ma mère, étaient connues des kilomètres à la ronde. Tous les petits enfants l'étaient par conséquent et il était impossible qu'une bêtise ne se sache pas. Quelle qu'elle soit, elle finissait par remonter à l'oreille de l'une ou des deux paires d'aïeux.

Leurs maisons étaient situées à 200 mètres l'une de l'autre. C'était l'idéal pour mes parents qui travaillaient souvent pendant les vacances. Ma sœur et moi passions ainsi une partie de l'été entre les deux foyers, alternant ainsi entre les cousins et les copains.

Mon père a peu à peu mis au jour de nombreuses informations qui ont permis de retracer l'histoire militaire de Victor, en la croisant notamment avec les livres sur 1er RCP et sur les parachutistes. Mais il manquait du fond. Il était difficile de retracer une histoire complète avec ces papiers, pourtant datés pour la plupart. C'était loin d'être suffisant. Un peu plus tard, dans un tiroir du vieux secrétaire, mon père découvrit deux cahiers de 96 pages : les cahiers de tout écolier. Victor y avait écrit ses souvenirs de la période de la guerre, et au préalable quelques lignes sur sa formation professionnelle et sa situation avant la guerre. D'abord au brouillon sur l'un, il avait ensuite tout remis au propre sur le second, supprimant ou rajoutant des éléments.

Dès que j'ai eu connaissance de l'existence de ces cahiers, je me suis empressé de les lire attentivement. Des pans de son histoire s'éclaircissaient. J'ai enfin pu en savoir plus sur son aventure, de l'arrivée des Allemands à sa blessure dans les Vosges. Je pus finalement retracer son périple de la région parisienne à Anglet, puis de l'Afrique du Nord à la France, en passant par la Sicile et l'Italie. Ses souvenirs précis décrivent sa vie, avec les contraintes de l'éloignement de sa famille, de ses amis, des difficultés à trouver un travail et à subsister, jusqu'à son engagement dans l'armée de l'air et son volontariat pour rejoindre le régiment.

Mon père a réuni l'ensemble des documents puis fait don de plusieurs pièces au 1er RCP lors des 70 ans de l'unité en 2013.

Victor n'a pas combattu longtemps. Son aventure est loin d'égaler celles d'autres grands anciens mais est à son niveau plutôt insolite. Elle s'inscrit dans une aventure humaine collective, celle de nombreux jeunes Français qui ont rejoint les Forces Françaises Libres pour se battre et libérer la France de l'occupant. Les souvenirs de cette balade guerrière sont ceux d'un jeune homme d'à peine plus de vingt ans qui s'est retrouvé loin de chez lui et a fait le choix, le moment venu, de l'engagement.

Les vétérans du second conflit mondial se font de plus en plus rares. Il est d'autant plus essentiel de conserver une trace de leur mémoire. Elle doit servir de repère aux générations actuelles et futures mais également permettre de conserver la trace des histoires familiales. Elle doit être cultivée pour comprendre notre passé, percevoir le présent et éclairer notre futur, donner du sens à notre vie et à l'engagement de ceux qui choisissent le métier des armes.

C'est dans cet esprit que j'ai souhaité faire éditer ce carnet de route.

Pour faciliter la lecture, des chapitres ont été ajoutés. Certains passages sont annotés et complétés par des références issues des ouvrages référencés dans la bibliographie et de sources ouvertes. Malgré les recherches, il est possible que certaines dates ne correspondent pas tout à fait aux événements relatés.

1

Les premiers temps

Je ne parlerai pas de mes études à l'Ecole Nationale Professionnelle d'Armentières où je suis rentré début octobre 1934 sur concours. Reçu dixième sur quatre cents candidats environ pour cent dix places d'internes. J'en sors en juillet 1938 avec 14,06 de moyenne, 24e sur les 64 élèves terminant leur quatrième année, le major ayant 16,20. Etant assez chahuteur, la conduite a influé d'une façon assez sensible ma note et par conséquence ma place de sortie. Passons.

Une fois l'école terminée, je commence à chercher du travail. En attendant les réponses aux différentes lettres expédiées à quelques sociétés, entre autres Potez et Breguet, je distribue et change deux fois par semaine les affiches concernant les programmes de cinéma dans les hôtels et restaurants du Touquet. Ce cinéma, le *Djinn*, appartient à monsieur François et le travail rapporte cinq francs par semaine. A l'époque, un ouvrier gagne de un franc cinquante à trois francs de l'heure[3]. Ma sœur cadette, Mariette, y est également employée, à la caisse pour la location des places et ouvreuse au moment des séances. Pour ma part, après avoir placé les affiches, je monte souvent dans la cabine de projection où le grand Charles, l'opérateur, se tient de dix heures du matin à une ou deux heures du lendemain matin. Le cinéma est permanent. J'apprends le métier en l'observant. Rembobinage des films et réparation en cas de rupture, qui est très peu fréquente, changement des appareils, réglage de l'arc électrique et changement lors des fins de bobine. C'est tout un art d'effectuer ce changement sans que le spectateur s'en aperçoive. Pas de rupture d'image ni de son grâce aux repères gravés sur le film.

En novembre 38, je suis convoqué chez Potez Aviation à Méaulte, près d'Albert dans la Somme. Je passe un essai de fraiseur-outilleur mais j'apprends que l'heure est seulement payée trois francs cinquante. Compte tenu du coût de la pension qu'il faut prévoir, ça ne marchera pas. Je ne termine pas cet essai, au grand désespoir du contremaître qui avait besoin de personnel qualifié. Entre temps, j'ai reçu des nouvelles de Breguet Aviation à Vélizy-Villacoublay. Un copain

---

[3] En parité de pouvoir d'achat, 1 franc de 1938 équivaut à environ 0,5 euro en 2018. Il a perdu de sa valeur pendant la guerre : 0,4 centimes en 1940, 0,34 en 1941, 0,28 en 1942, 0,23 en 1943, 0,19 en 1944, 0,12 en 1945, ...
Source INSEE.

de promotion qui y travaille déjà me retient une chambre dans la pension de famille où il loge. Son salaire est de neuf francs de l'heure, c'est déjà mieux qu'en province. Je me présente et l'essai est réussi. Le contremaître qui a contrôlé mon travail me dit d'un air gêné :
- Je ne peux te donner plus de dix francs cinquante de l'heure car tu n'as pas vingt ans et les plus âgés que toi vont râler.

Ayant tablé sur le salaire de mon camarade, j'accepte le poste, bien heureux d'avoir obtenu ce tarif sur lequel je ne comptais pas. Je commence chez Breguet le 10 février 1939. La pension est à Chaville, chez une famille originaire d'Auvergne, les Billuard. La chambre est à cent cinquante francs par mois, le repas à un franc cinquante ou deux francs selon le menu. Pour le midi, c'est la gamelle que j'emporte le matin. Le transport se fait par autocars mis en place par l'entreprise. Douze heures de travail par jour du lundi au samedi. Le matin de six heures à midi, une heure de pause puis de treize heures à dix-huit heures. Le repas est pris près de la machine. Le dimanche est le seul jour de repos de la semaine.

Pendant l'heure du déjeuner, que j'expédie en dix minutes, je vais sur la piste d'essais où je prends contact avec les mécaniciens pour me renseigner sur les appareils. Durant ma dernière année à

Armentières, j'ai passé le certificat d'aptitude de mécanicien d'avions, le CAMA.

J'apprends sur ce temps libre méridien toute la procédure pour la mise en route des moteurs équipant les avions Breguet 690, 691, 693, 695, montés selon leur destination, bombardement, léger, reconnaissance, chasse, de moteurs Gnome-Rhône, Hispano-Suiza ou Pratt et Whitney de sept cents à plus de huit cents chevaux. Ces Breguet possèdent deux moteurs et sont capables d'une vitesse maximale de près de cinq cents kilomètres par heure. Ils sont à cette époque supérieurs aux Messerschmidt. Tout comme les Morane 406 ou Dewoitine 520, ils sortiront malheureusement trop tard.

Quelques temps après mon arrivée, le contremaître Hoffman me propose de travailler la nuit, de dix-huit heures à six heures du matin, en doublure avec un vieux fraiseur outilleur travaillant sur les pièces d'attache d'ailes du LeO 45[4], ainsi que sur les longerons s'y adaptant. La santé de ce brave homme n'est pas trop bonne et il ne peut plus travailler de nuit. Il faut donc trouver quelqu'un qui accepte de toujours faire la nuit pour le remplacer à terme. Il n'y a guère

---

[4] Lioré et Olivier 451, plus communément appelé Léo 45, était le bombardier moyen le plus rapide de sa génération au début de la guerre, devant les Heinkel, Dornier et Junkers.
561 exemplaires furent produits de 1937 à 1943. Il est retiré du service en 1957.

d'amateur, surtout que le père Mangin, c'est le nom du bonhomme, n'a pas un caractère facile. Après entrevue avec lui, j'accepte.

Le salaire est augmenté par la prime de nuit et la prime de gamelle. Tout va pour le mieux et au bout du mois mon salaire frise les trois mille francs. J'expédie de l'argent à la maison. Ça met du beurre dans les épinards et maman qui faisait la lessive pour certains coiffeurs du Touquet peut arrêter cette corvée.

Mon travail de nuit me permettait de dormir jusqu'à douze ou treize heures et d'aller ensuite à Paris me promener ou faire les cinémas permanents. J'avais également retrouvé d'anciens voisins qui habitaient le Touquet et qui vivaient maintenant à Meudon. Ils étaient voisins de la famille Visage dont le jardin était contigu à un parc faisant partie de la propriété dont ils étaient les gardiens. Monsieur et madame Visage avaient une fille et un fils, Odette et Robert, respectivement âgés de dix-sept et douze ans. J'ai fait leur connaissance et bien souvent, je m'arrêtais chez eux pour déguster des gâteaux achetés dans le hall de la gare Montparnasse. Eclairs, choux et religieuses coûtaient à l'époque 0,5 à 0,75 francs.

2

Quitter la France

Les Allemands approchent. Nous recevons les instructions de rester à l'usine et de travailler le dimanche pour continuer à fabriquer des pièces afin de préparer le maximum d'avions. Les machines tournent à fond. Je décide de chercher une voie pour rejoindre l'Angleterre et ne me présente pas au travail le 19 mai. Mais c'est partout la débandade et je ne trouve rien de concret. Le lundi matin, je suis dès mon arrivée à l'atelier accueilli par la sécurité de Breguet et emmené au service administratif pour justifier de mon absence. Je reçois un avertissement oral qui sera le lendemain suivi par une lettre de mise à pied pour deux jours. C'est un avertissement sans frais et les autorités ne seront pas prévenues.

Le 12 juin, l'ennemi est aux portes de Paris. Nous avons ordre de bousiller le maximum de matériel de l'entreprise. Trois Breguet tous neufs sont sur la piste, deux aux couleurs françaises et un aux couleurs belges. Pas de pilote dans la zone. Les pleins sont faits et les armes, canons de vingt millimètres et mitrailleuses sont approvisionnées. Les armes sont vite démontées puis détruites avec des machines-outils. On brûle les avions. Pourquoi personne n'a-t-il eu l'idée de tenter de décoller avec l'un d'eux et de rejoindre l'Angleterre ? Le résultat aurait pu être dramatique mais nous n'avons même pas essayé. Bien souvent, par la suite, lorsque je chercherai une filière depuis l'Afrique du Nord pour rejoindre l'Angleterre, j'ai regretté de ne pas avoir tenté ma chance. Peut-être me serais-je perdu en vol ou ratatiné à l'atterrissage. Mais pour décoller, ça n'aurait sans doute pas posé trop de problèmes.

Après nous être préparés, nous partons l'après-midi même avec un ordre de mission pour rejoindre les ateliers Breguet-Latécoère à Anglet, près de Bayonne. En avant donc, à vélo, pour près de neuf-cent kilomètres de périple, les gendarmes nous obligeant à effectuer de fréquents changements d'itinéraire. Nous sommes trois du même âge, avec nos valises arrimées devant et derrière, sur des porte-bagages bricolés à l'usine avant le départ. Nous pédalons au milieu des réfugiés, la plupart à pied, et parmi les voitures militaires transportant, nous le constatons, surtout des officiers. Ils auraient dû être sur le front avec leurs hommes. C'est une vraie pagaille. La route passe par Etampes. Ça bombarde au moment où nous y passons.

Les avions sont aux couleurs italiennes[5]. Ces braves italiens ont déclaré la guerre à la France dans la nuit du 10 au 11 juin, quand les Allemands avaient déjà presque gagné la bataille de France. Le mitraillage qui suit le bombardement occasionne de nombreux morts et blessés parmi les civils. Nous sommes secoués mais reprenons la route. Le lendemain, de passage à Orléans, les avions poursuivent le bombardement. Sans savoir ce qui se passe, nous nous retrouvons, mes amis et moi, projetés dans le fossé avec vélos et valises, entourés d'une pluie de mottes de terre. La bombe lâchée non loin de nous a explosé dans un bruit terrible. Nous nous en tirons sans une égratignure, grâce au fossé assez profond qui nous a protégé des éclats. Encore beaucoup de blessés et de morts dans la cohue de la colonne de personnes en fuite.

---

[5] Cette affirmation est peu probable. L'Italie qui vient d'entrer en guerre est trop loin pour effectuer ce type d'attaque et le rayon d'action de leurs appareils n'est pas suffisant.
L'entrée en guerre de l'Italie, le 10 juin 1940, a été ressentie comme un "coup de poignard dans le dos", selon les termes de François Poncet, ambassadeur de France auprès du comte Ciano. Il est donc possible que cette légende urbaine, par ailleurs connue et encore discutée aujourd'hui, soit née de ce sentiment de traîtrise de nos alliés transalpins. Animées de cette rancœur, il n'est pas exclu que des personnes ciblées aient décrété que ces bombardement étaient l'œuvre des Italiens. La rumeur se serait ensuite très vite répandue.
Les interventions de la *regia aeronautica* se sont limitées aux côtes méditerranéennes et aux Alpes.

Le 13 au soir, à Château-Renault, sur la RN10, nous cherchons un endroit pour dormir. Pas facile avec le flot de réfugiés. Après bien des recherches, nous tombons sur un homme qui nous ouvre son garage pour que nous puissions y dormir. Grosse surprise, au mur est accroché un immense drap dont tombent plein de ficelles. C'est un parachute ! Nous lui posons aussitôt un tas de questions. Nous lui apprenons que nous travaillons chez Breguet Aviation et que nous avons des ordres de mission pour nous rendre à Anglet. Nous sommes très vite adoptés et il nous invite à prendre le repas à sa table. Cela nous change du casse-croûte avalé en vitesse au petit bonheur. Cette rencontre a peut-être été le déclic qui deux ans plus tard en Algérie décidera de mon engagement chez les paras. En effet, ce monsieur Moreau[6] est un parachutiste de métier. Il saute dans les meetings aériens. Une carte postale le représente avec le journal du coin et deux canards vivants l'accompagnant dans sa descente. Il dédicacera une de ces cartes pour chacun de nous. Celle que je possède est ainsi libellée *au petit Petit qui couche et sans le vouloir chez le créateur de l'infanterie aérienne, mais qui n'aurait pas voulu que les boches copient ce qu'il avait voulu faire.* C'était un original, mais un brave type. Je ne l'ai jamais revu. Je le regrette car il

---

[6]Guy (?) Moreau serait mort à Diên Biên Phu. Hormis des articles de journaux des années 30, les recherches sont restées vaines à son sujet.

aurait sûrement été heureux d'apprendre que j'ai fait la guerre dans l'arme dont il était un des initiateurs.

Le lendemain, départ vers quatre heures du matin. Il commence à faire jour et nous avons encore bien des kilomètres à parcourir. On pédale et quand nous le pouvons, nous nous accrochons à des véhicules qui roulent à une vitesse lente. Le flot des réfugiés est un peu moins dense et cela permet de progresser plus rapidement. C'est parfois simple de s'accrocher aux véhicules et le plus agréable est de pouvoir se tenir à un des nombreux bus parisiens qui transportent personnes et matériel en direction du Sud-Ouest. Cette façon de faire nous permet d'arriver à Angoulême le lendemain soir. Nous dormons dans une école. Pas facile de trouver à manger. Après bien des difficultés, nous arrivons quand même à nous caler l'estomac. Avec le recul, je m'aperçois que dans les graves circonstances, c'est toujours la loi du plus fort qui prime, malheureusement. La nuit est encore courte et nous nous remettons en route de bonne heure. Nous avons la chance de tomber sur un camion plate-forme de chez Breguet qui transporte des profilés et pièces diverses. Nous roulons en nous y tenant. C'est parfois de l'acrobatie car nous frôlons gens et véhicules. Mais nous ne voulons pas lâcher de peur de ne plus pouvoir rattraper notre remorqueur. Nous avons dû par moments atteindre les cinquante kilomètres par heure.

A ce train, nous sommes à Bordeaux sans trop de fatigue. Quand l'équipage du camion s'arrête pour manger, nous nous joignons à eux. Nous faisons plus ample connaissance. Ils doivent également aller à Anglet. Nous nous mettons d'accord pour qu'ils ne roulent pas trop vite et Bartel, le plus fatigué d'entre nous, prend place sur la plate-forme avec son vélo. Nous serons, Fraissex et moi, de chaque côté du véhicule. Ce sera plus facile pour rouler.

Le 17 juin après-midi, nous sommes sur la route des Landes, presque tranquilles, toujours accrochés à notre camion. Nous changeons de temps en temps de côté car le bras qui tient la ridelle fini par fatiguer. Au fur et à mesure de la route, nous avons amélioré notre équilibre et notre technique d'accrochage, pour être plus à l'aise et en sécurité. Nous arrivons à Anglet le soir, après avoir fait deux cents kilomètres dans la journée, un record.

Après une bonne nuit réparatrice, nous sommes présents à huit heures à l'atelier. Le contremaitre Hoffman est tout surpris de nous voir. Il ne nous attendait pas de sitôt. Nous sommes tout de suite employés au déchargement des matériels et suivons à la radio, quand nous avons le temps, l'évolution de la situation. Aucun d'entre nous n'a entendu le fameux appel du général de Gaulle.

Hoffman cherche des volontaires pour suivre le matériel, les machines-outils et les prototypes du 482[7] en Angleterre mais il ne trouve personne. Les Allemands ont alors dépassé Saint-Nazaire et poursuivent leur avance vers Bordeaux. Il y a bien quelques volontaires pour s'embarquer mais pas assez. Tout le monde veut rentrer chez soi pour retrouver ses proches.

Je me propose et il refuse, prétextant que je suis trop jeune. Vexé, j'y retourne le soir et il accepte finalement, après avoir encore longuement hésité. Il arrivera finalement à trouver une vingtaine d'hommes. Nous avons ordre de nous préparer et de faire des provisions pour 48 heures. Heureux de partir, je ne sais pas quand je reverrai la France.

---

[7] Avion de bombardement quadrimoteur dont le développement fut lancé en 1938. Deux prototypes furent produits au moment de l'armistice. Celui suivi par Victor partit en Algérie où il fut stocké pendant deux ans avant d'être détruit par un bombardement. Le second fut caché à Biarritz. Le projet reprit après la guerre, avant d'être définitivement abandonné en 1950.

3

Vers l'Angleterre

De Saint-Jean-de-Luz, nous mettons le cap sur l'Angleterre le 20 juin. A bord, nous trouvons pour nous accompagner les fils Breguet, les jumeaux Pierre et Paul, ainsi que l'ingénieur Henri Laubeuf, ingénieur aéronautique et pilote d'essai, fils de l'inventeur du sous-marin moderne[8]. Il y a Henri Ernault et sa famille, de la société Ernault-Batignolles[9], ainsi que d'autres réfugiés dont beaucoup sont des Juifs qui fuient le pays. Le bateau sur lequel nous avons embarqué est un cargo suédois, le SS Taberg, réquisitionné par la marine française. En plus de l'équipage suédois, il y a une quinzaine d'officiers et de marins armés à bord, et dix-sept aviateurs, officiers et

---

[8] Maxime Laubeuf, 1864 – 1939, est polytechnicien. Ingénieur du génie maritime, il travaille à la mise au point de submersibles et conçoit les premiers sous-marins modernes en 1904.
[9] Entreprise de constructions mécaniques et de machines-outils.

sous-officiers de l'armée de l'air, dont le lieutenant Michelin[10].

Ce bateau était auparavant passé par Le Havre et transporte un tronçon d'arbre d'hélice de rechange, d'une longueur de cinq à six mètres, du paquebot Normandie. En plus de cette cargaison, des machines-outils et du prototype, il emporte en soute une importante quantité de munitions.

Nous couchons dans l'entrepont, à même la tôle. Les rivets nous massent agréablement les côtes. Le golfe de Gascogne ne fait pas mentir sa réputation. Ça commence à remuer dur et des visages virent au pâle-verdâtre. Certains passagers ont déjà commencé à partager leur repas avec les poissons. Je tiens le coup et j'aurai la chance de ne pas être malade pendant toute la traversée qui au lieu des quarante-huit heures prévues durera finalement une semaine.

Nous voyons passer à proximité le cuirassé Jean Bart[11] qui a réussi à sortir du bassin de Saint-Nazaire

---

[10] Le prénom n'est pas précisé, mais il s'agit vraisemblablement de Philippe. Fils de Marcel Michelin, mort en déportation à Buchenwald en 1945, Philippe et Hubert s'engagent dans la RAF pendant la guerre. Hubert quitte de son côté la France en passant par Gibraltar en juillet 40.
Un troisième fils, Jean-Pierre, rejoint le bataillon de choc et sera tué à l'ennemi le 22 septembre 1943, pendant la libération de la Corse.

à temps, alors qu'il était en cours d'armement. Escorté par deux autres bateaux, il ne va pas très vite.

Le 22 soir, nous apprenons la signature de l'armistice. Sale coup pour le moral de tout le monde à bord. Des discussions ont lieu entre les marins et les aviateurs car la situation devient compliquée entre ceux qui souhaitent rentrer et ceux qui souhaitent rejoindre l'Angleterre pour continuer le combat. Mes camarades et moi restons à l'écart. Le lendemain matin, alors que la route se poursuit vers l'Angleterre, l'officier de marine en charge fait dérouter le navire vers l'Afrique du Nord, direction Casablanca. Les aviateurs et quelques autres civils du bateau, dont nous faisons partie, refusent mais les marins sont armés et nous n'avons d'autre choix que de subir cette décision. La tension monte d'un cran à bord. Les patrons n'ont soufflé mot.

Le temps ne s'améliore pas et le bateau bouge dur. Il y a de plus en plus de malades à bord et pas grand-chose pour caler les estomacs. Nous nous interrogeons sur la longueur de la traversée. Combien de temps

---

[11] Le cuirassé parviendra à rejoindre Casablanca le 22 juin. Faute de moyens et sans être complètement opérationnel, il ouvrira cependant le feu sur les forces américaines lors du débarquement en Afrique du Nord. Très endommagé par la riposte alliée et après quelques péripéties, le bâtiment ne rejoindra Cherbourg qu'en août 1945 et sera finalement armé en 1949. Il est retiré du service en 1961 et ferraillé en 1970.

allons-nous mettre ? La question est posée à l'officier de marine qui nous répond de manière évasive, quatre ou cinq jours, peut-être plus avec le mauvais temps. Nous avions tous pris des vivres pour deux jours et sa rhétorique fut toute militaire :
- Je m'en fous, démerdez-vous !
La tension remonte et il doit faire intervenir ses hommes pour apaiser le climat.

La mer est toujours mauvaise. Le 25 juin, le cargo pique dans des creux de six ou sept mètres et l'eau qui rentre à l'avant par les trous d'écubier sort en gros jets qui s'écrasent sur les treuils. Inutile de préciser que personne n'est sur le pont. Tout est verrouillé pour éviter à l'eau de rentrer. A l'intérieur, l'atmosphère est plutôt nauséabonde et cela n'arrange pas les malheureux atteints du mal de mer. Avec Henri Cracco, un ancien quartier-maître qui a fait son service militaire sur le croiseur Primauguet[12], nous décidons de prendre l'air et de nous mettre à l'abri au-dessus de la cambuse, protégée par un toit triangulaire. Les paquets de mer nous passent par-dessus. C'est une vue magnifique sur tout le cargo qui monte et descend au

---

[12] Le Primauguet reste dans la marine de Vichy après la capitulation et transfère une partie de la réserve d'or de la Banque de France en Afrique. A Casablanca le 8 novembre 1942, il est bombardé par les Américains. 45 marins sont tués et plus de 200 sont blessés. Son épave est toujours dans le port de Casablanca, enfouie sous la vase.

gré des vagues énormes. Ça chahute mais nous pouvons respirer l'air frais.

Dans la nuit, nous sommes réveillés par des cris. Quelle heure était-il ? Impossible de m'en souvenir. Alerte dans la cale. Les machines-outils commencent à bouger à cause du mauvais temps et il faut reprendre et consolider leur arrimage. Dans la pénombre, nous commençons à jouer aux cow-boys en accrochant comme nous pouvons les machines qui glissent d'un côté à l'autre, risquant à tout moment de déséquilibrer le bateau et d'écraser l'un de nous. Dans notre jeunesse, la notion du danger couru ne nous a même pas effleuré. Nous avons pris cela à la rigolade, mais après avoir rétabli la situation et en discutant entre nous, nous avons réalisé que nous aurions pu couler et nous faire tuer. Pendant l'arrimage des machines, l'équipage et les marins avaient de leur côté recalé les obus et munitions qui commençaient eux aussi à glisser et s'entrechoquer. Quelle nuit !

Le temps commence à s'améliorer et petit à petit les vagues se calment. Vers midi, le 26 juin, ça va déjà beaucoup mieux, la tempête est passée. Les estomacs réclament du consistant. Les vivres prises pour deux jours sont consommées depuis longtemps. Les marins français n'ont pas de problème d'alimentation car ils mangent avec l'équipage.

La petite équipe Breguet tient conseil. Nous avons observé des marins suédois partir seuls ou par binômes vers l'avant et revenir furtivement en évitant de se faire remarquer par les embarqués. Nous en arrivons rapidement à la déduction qu'un stock de nourriture doit y être entreposé. Nous mettons les aviateurs dans la confidence. Nous décidons ensemble de mener une opération commando sur la cambuse pendant la nuit. Parmi les aviateurs, il y a des mécaniciens qui possèdent tout un outillage. L'ouverture de la porte ne devrait pas poser de problème.

Ça y est, c'est l'heure. Je suis de la partie. Nous avons posté quelques guetteurs. Sans trop de difficultés, l'objectif est atteint et la porte ouverte. C'est la caverne d'Ali Baba. J'ai dit plus haut que le bateau avait fait escale au Havre. De cet arrêt, l'équipage suédois avait allègrement du se servir sur les docks. Nous sommes stupéfaits de voir ce tout que la pièce contient. Passé ce moment, nous commençons à nous servir : boîtes de conserve, viande, légumes, fruits secs, vins, ...
Ignorant notre date d'arrivée, nous en prenons pour un bon moment. Sous la houlette des aviateurs, nous avons opéré en bon ordre, sans mettre le bazar afin de limiter notre passage, en espérant naïvement que cela ne se verrait pas. L'opération terminée, notre mécano referme la porte et nous retournons dans l'entrepont en jubilant intérieurement. Nous distribuons de la

nourriture aux autres passagers, bien heureux de nous voir arriver avec de quoi manger. Les mâchoires ont fonctionné une partie de la nuit. Les estomacs sont satisfaits. La cambuse contenait également des bouteilles d'alcool, et non des moindres. Il va de soi que nous n'avons pas oublié ce liquide si cher aux Français, d'autant plus que l'eau du bord était plutôt saumâtre.

Au réveil, d'un air innocent et dégagé, nous attendons la réaction, si réaction il doit avoir. Et elle a rapidement lieu. L'officier qui commande les marins arrive avec deux matelots armés et nous accuse, nous les Breguet, ainsi que les aviateurs d'avoir volé la nourriture de l'équipage en ayant forcé la cambuse. Un lieutenant aviateur, dont j'ai oublié le nom, lui répond gentiment que cette nourriture ayant été empruntée, en insistant sur le mot empruntée, aux docks du Havre par les marins, nous l'avions empruntée nous aussi.

Second point, il constate qu'il reste suffisamment de ravitaillement pour nourrir tout le monde pendant des semaines. Il considère au final que la réclamation du marin est nulle et non avenue. La tension monte mais devant le fait accompli, les arguments de l'aviateur et le soutien de toutes les personnes présentes dans l'entrepont, le marin finit par abandonner, la rage au ventre. Avant de tourner les talons, comme pour avoir le dernier mot, il nous lâche en grommelant que nous arriverons le lendemain à Casablanca.
Nous sommes tous soulagés.

4

L'Afrique du Nord

Le 28 juin, les côtes sont en vue. Nous allons accoster et nous faisons des projets. Un bon repas, baignades, repos. Mais une fois le bateau arrivé dans la rade, pas de place à quai. Nous devons passer la nuit à l'ancre. Au matin, le cargo manœuvre et s'arrime enfin. Nous faisons nos adieux aux aviateurs et oublions volontairement les marins. Nous sommes dirigés vers un camp de réfugiés qui compte déjà beaucoup de monde. Nous nous installons au mieux en restant groupés. Il s'agit maintenant de retrouver le maximum d'employés pour assurer les opérations de déchargement du bateau, qui doivent commencer le lendemain. Nous cachons nos vélos pour ne pas nous les faire voler. Nous avions déjà eu du mal à les faire monter à bord en douce. Hors de question d'être à pieds. L'équipe réunie, le déchargement peut commencer et les frères Breguet nous informent de notre avenir. Nous prenons ainsi connaissance de notre avenir. Nous allons rejoindre Bône[13], en Algérie, un sacré périple, où le matériel doit être livré à l'arsenal. Le transit devrait se faire par train mais nous n'avons aucune idée du délai. En attendant, nous visitons Casa et les environs à vélo. Je prends un gros coup de soleil avec ma chemise blanche. Les nuits suivantes sont difficiles.

Nous touchons notre sauf-conduit pour Bône le 2 juillet. Le chargement s'effectue sur plusieurs wagons. Beaucoup de colis et de caisses ont été éventrés par les dockers, plus ou moins volontairement, et du matériel a été volé, dont de l'outillage, si précieux pour nous. Par petits groupes, nous tentons de récupérer tout ce que nous pouvons et faisons la chasse aux voleurs, dockers ou indigènes qui se servent dès qu'ils le peuvent. Des bagarres éclatent et la police doit intervenir pour apaiser les tensions et arrêter les coupables. Nous arrivons finalement à reprendre possession d'une grande partie du matériel volé.

Le matériel militaire étant prioritaire, le convoi ne part finalement qu'une petite semaine plus tard. Un wagon de 2e classe spécialement réquisitionné pour est attelé. Nous nous y installons et nous y mettons à notre aise. Le train arrive à Oujda le matin du 9 juillet. C'est la gare frontière entre le Maroc et l'Algérie. Une garde

---

[13] Aujourd'hui Annaba.

est mise en place aux wagons pour éviter toute intrusion, tentative de vol et envahissement par d'autres voyageurs, en règle ou non. Il faut encore jouer des poings. Heureusement qu'ils se trouvent de gros bras parmi les gars. Nous faisons viser nos papiers après une longue attente au milieu d'un brouhaha incessant. Le train finit par repartir avec de nouvelles locomotives, des Garratt[14], de marque anglaise, spécialement étudiées pour remorquer de lourds convois sur les parcours montagneux. Notre train est très long et nécessite deux machines pour le faire avancer, une devant et une au milieu. Elles sont équipées pour voies métriques, standard des chemins de fer en Afrique du Nord. Nous commençons bientôt les montées du moyen Atlas et nous constatons qu'elles sont mises à rude épreuve. Nous ne roulons parfois qu'à dix kilomètres par heure et nous profitons de ce petit rythme pour descendre du train et le suivre en marchant ou en petites foulées. Ça délasse un peu. Dans les grandes courbes, nous avons une vue sur tout le convoi qui serpente. Je fais quelques photos avec un Kodak 6 ½ fois 11 acheté à Casa. J'ai réussi à conserver ces photos, ainsi que beaucoup d'autres.

L'arrivée à Bône se fait dans la nuit du 12 au 13 juillet. Nous ne bougerons pas avant le lever du jour.

---

[14] Locomotive à vapeur articulée mise au point au début du XXe siècle par Herbert William Garratt. Ces modèles serviront en Algérie jusque dans les années 60.

Dans la matinée, après bien des manœuvres, nous entrons dans l'enceinte de l'arsenal où le déchargement se fait. Priorité au prototype. Suivront ensuite les machines-outils et l'outillage. Nos patrons nous ont trouvé des chambres et nous nous installons du mieux possible. Pendant quelques jours, c'est le désœuvrement complet, nous attendons les ordres. Baignades et promenades sont à l'ordre du jour pour quelque temps. Les frères Breguet trouvent à louer un certain nombre de machines à la société De Dietrich, installée à proximité des ateliers de réparation des chemins de fer algériens. Quelques gars de chez nous sont embauchés, des tourneurs essentiellement. Pour le reste, on attend. D'autres machines sont louées aussi à la société Aluminium JP, dirigée par monsieur Bismuth, un séfarade dont la famille est installée depuis des générations dans la région.

Cette entreprise fabrique des objets en aluminium et j'ai la chance d'y être pris comme fraiseur, avec mes deux amis de périple. Vallot, un des contremaîtres de Breguet nous rejoint aussi. Avec deux nouveaux fraiseurs, deux tours et des tours à décolleter automatiques et classiques, nous allons permettre à la société de prendre un essor considérable.

Le manque de carburant se fait sentir et la technique commence à être au point pour faire tourner les moteurs à l'alcool. Les tours automatiques permettent de fabriquer en grande série les gicleurs remplaçant ceux montés pour la marche à l'essence. Une vraie mine d'or pour l'entreprise. Compte tenu des possibilités de ces machines et des performances réalisables, la société décroche un tas de marchés et nous sommes contraints de faire des heures supplémentaires pour respecter les délais de livraison.

Nos patrons nous demandent toujours plus de rendement mais ne veulent pas payer l'augmentation du prix de l'heure, qui est de trois francs cinquante. Nous décidons d'arrêter le travail pour obtenir cinq francs, demande logique puisque la situation en France et l'afflux de réfugiés ont fait augmenter le coût de la vie. Après deux ou trois jours, nous obtenons gain de cause et la production repart.
Petits futés, nos patrons nous assignent des commis locaux. Nous comprenons de suite l'idée qu'ils ont derrière la tête et nous gardons bien de montrer les combines et réglages à nos binômes de circonstance. Si nous les émancipons, nous nous ferons virer, alors méfiance. Nous nous mettons tous d'accord ce sur point et la direction en sera pour ses frais. Je resterai huit mois chez Aluminium JP.

Pendant ce temps, nous occupons notre temps libre à vadrouiller un peu partout en vélo ou en train. Bugeaud[15], Constantine, ... sans compter les baignades

---

[15] Aujourd'hui Seraïdi.

car la plage était toute proche. Henri et moi logeons à l'hôtel de l'Oasis. Le patron, un Grec, s'appelle Ignace Xycluna. Quelques Italiens faisant patrie de la commission d'armistice y logent aussi. Les rapports avec eux sont froids. Ils nous prennent de haut, fiers d'être dans le camp des vainqueurs. J'ai toujours en tête les avions italiens qui nous bombardaient sur les routes pendant le périple à vélo. Nous ne ratons pas une occasion pour faire des réflexions sans qu'ils le sachent mais Ignace a peur pour son hôtel et nous demande de mettre un terme à nos quolibets. Ces braves bersagliers, reconnaissables à leur uniforme vert et la plume sur leur chapeau auront plus tard une aventure sur le port avec les dockers. Excellant dans l'excès de zèle pendant leurs contrôles, ils seront pris en embuscade, battus et jetés à l'eau. Les dockers se promèneront quelques temps avec les plumes pendant à leurs ceintures. Quel tableau !

5

Les chantiers de jeunesse

Je suis convoqué au commissariat de police le 04 avril 1941. Le commissaire, un pied-noir, me pose d'abord un tas de questions sur mes activités depuis que j'ai quitté la France et me signifie ensuite que je dois me présenter aux chantiers de jeunesse[16] pour un stage de neuf mois. Je m'étais jusque-là bien gardé de me faire connaître. Aucun d'entre nous n'avait fait de changement d'adresse mais nous avions fini par être rattrapés par l'administration. J'ai beau faire état de mon titre d'affecté spécial chez Breguet et de mon

---

[16] Les chantiers de la jeunesse française (CJF), souvent appelés chantiers de jeunesse, étaient une organisation paramilitaire ayant existé de 1940 à 1944, et fondée par le général de la Porte du Theil.
Lieu de formation et d'encadrement, elle était d'abord placée sous la tutelle du secrétariat d'État à l'Éducation Nationale et à la Jeunesse pour ne pas apparaître comme une organisation militaire aux yeux de l'Allemagne. Réservoir de main d'œuvre pour le STO en Allemagne, elle passera ensuite sous le contrôle du ministère du Travail et de la Production Industrielle.
Les groupements sont répartis sur tout le territoire de la zone libre, en Algérie, au Maroc et en Tunisie.

emploi, rien n'y fait. Certains employés, de mon âge ou un peu plus âgés, préfèrent rentrer au pays et je suis finalement un des seuls à rester. A peine une semaine plus tard, me voilà embarqué pour Djidjelli[17], entre Alger et Bougie[18]. Pas mal de kilomètres en train. J'arrive à la citadelle, camp 104[19], qui est située au bord de la mer sur un promontoire. Joli point de vue.

C'est une ambiance très militaire. Les appelés se nomment *jeunes* et les supérieurs, quelque soient leurs grades, sont appelés *chefs*. Ce sont tous d'anciens militaires de carrière qui sont recasés là. Il y en a des biens et bien sûr des cons. C'est le service militaire qui continue, sous une autre forme. Je fais connaissance d'un *petit chef*, ancien sergent de carrière et natif de Lens. On sympathise et nous pratiquons ensemble le patois du Nord, parlé incompréhensible pour les pieds noirs qui n'apprécient pas vraiment la plaisanterie. Cela nous permet de discuter entre nous quand nous avons envie.

Après quelques jours de formation élémentaire, nous sommes envoyés dans les montagnes où se trouvent

---

[17] Nom pendant la présence française de la ville de Jijel.
[18] Nom latin de Béjaïa.
[19] Le camp 104, dit *Lamoricière*, a pour devise *la joie dans l'effort*. Il sera dissous après le débarquement des alliés de novembre 1942.

déjà des *groupes*[20] occupés à l'écorçage des chênes liège. Ces arbres sont situés dans des sites impossibles à exploiter par des sociétés civiles. La main d'œuvre ne coûte pas cher et il faut bien nous occuper car les exercices militaires sont interdits.

A notre arrivée au sein du groupe, nous sommes tous individuellement reçus par les grands chefs, d'anciens officiers. Questions sur les études effectuées, diplômes obtenus, travail dans le civil, pourquoi et comment est-on arrivé en Afrique du Nord... Je suis trituré et passé au crible. Le chef du groupe, le capitaine Madon, est un ancien de l'armée de l'air. M'ayant vite cerné, il me nomme chef de guitoune, l'équivalent de caporal. Je me retrouve avec une majorité de pieds-noirs natifs de différentes villes d'Algérie. Ils sont sympa pour la plupart sauf un, nommé Soler qui est d'ascendance espagnole et qui râle tout le temps. On s'accroche dès le départ. Il ne doit pas supporter d'être commandé par un expatrié.

Comme dans tout groupe, les corvées existent, dont le nettoyage des gamelles après les repas. La majorité des gars exécutent les tâches mais Soler refuse son tour. Le ton monte et il finit par me traiter de petit con. – Répète un peu, lui dis-je. Il répète et je lui envoie aussi sec un coup bien placé dans l'estomac. Le voilà

---

[20] Chaque *groupe* (compagnie) est divisé en *équipes*, puis en *guitounes*, dont les effectifs varient en fonction de la taille des groupements.

parti s'asseoir entre deux lits. Dans ma lancée, je le rattrape et à cheval sur le bonhomme, je lui décroche quelques une-deux dans les côtes. J'ai hésité à viser la figure de peur de le marquer et j'ai bien fait. Nous sommes rapidement séparés par des gars de la guitoune. Sans avoir crié gare, le chef Madon arrive, attiré par les éclats de voix. Après un rapide interrogatoire, nous lui déclarons que tout va bien et l'ordre revient. Après le départ de Madon, Soler me provoque à nouveau et me donne rendez-vous le lendemain matin au décrassage, la toilette matinale qui a lieu à la rivière après quelques mouvements de gymnastique. Je le préviens que je serai là et que ce sera plus grave qu'aujourd'hui.

Le lendemain matin, je suis sur mes gardes. L'activité se termine sans avoir été au contact de l'individu. J'ai su plus tard que les gars étaient allés le voir et lui avaient conseillé de laisser tomber. C'était sans doute mieux ainsi. A vingt ans, j'étais soupe au lait et pas manchot. Lui non plus. Cela aurait pu mal finir pour nous deux. Par la suite, nous avons discuté. Il s'est excusé et nous avons eu de bons rapports.

Les semaines passent et nous écorçons les chênes dans la montagne. Travail pénible et fatigant sur les pentes raides, sous le soleil et la chaleur. Nous sommes contraints de nous encorder aux arbres pour éviter de glisser et de rouler au bas des pentes. Le coin est infesté de moustiques et plusieurs jeunes ont des accès de paludisme. Un camarade est évacué à l'hôpital et y décèdera quelques jours plus tard.

Environ trois mois avant ma libération, on demande un dessinateur – magasinier, fonctions cumulées peu communes, pour un emploi à la citadelle de Djidjelli où se trouve l'état-major du camp. Il faut passer des tests. Je suis volontaire.

Français, mathématiques, dessin et entretien avec les huiles. Je suis pris parmi six postulants. Le chef du bureau, Ducret, est un ancien capitaine de l'armée de terre, architecte dans le civil qui vit à Alger avec sa famille. Je suis responsable de la distribution du matériel, pelles, pioches, brouettes, etc. Je note tout sur le cahier d'entrées et sorties et dresse en même temps des plans avec les routes donnant accès aux chantiers d'écorçage des chênes. Mon travail consiste à relever le tracé sur le terrain, en jalonnant et relevant les niveaux avec la mire. La lunette et les niveaux sont pris par le chef. Le boulot est moins fatigant que l'écorçage. Les déplacements se font en moto. Le chef pilote et je suis derrière avec le matériel.

L'essence vient à manquer et je commence à regarder le moteur pour le bricoler et le faire fonctionner à l'alcool. Des copains sont restés à Bône et travaillent encore chez Aluminium JP. Je les contacte pour qu'ils me procurent un gicleur. La moto est une

Terrot[21] de 250cm3. Je transmets toutes les caractéristiques du moteur et du carburateur à Henri et je reçois rapidement toute une série de pièces de différents diamètres et modèles. Avec le mécanicien du camp, un as, nous concoctons le montage en by-pass essence-alcool. Nous mettons aussi en place un huileur pour graisser le haut du cylindre car l'alcool dessèche les pièces.

Nous arrivons après quelques tâtonnements et réglages à faire tourner correctement le moteur. Joie et arrosage comme il se doit. Il n'y aura pas de problème pour se procurer de l'alcool, il y a une distillerie pas loin. Il suffit de faire tourner quelques minutes le moteur à l'essence et quand le cylindre est bien chaud de passer à l'alcool. Pour ce faire, nous avons dû cacher les ailettes de refroidissement du haut du cylindre pour augmenter sa température car le mélange air-alcool venant du carburateur ne s'allumait pas bien.

Grosse surprise pour le chef Ducret et félicitations pour nous. Cette modification l'intéresse au plus haut point. Il va pouvoir rendre plus souvent visite à sa famille à Alger. Je peux aussi avec son accord profiter de la moto. Quand il ne sort pas, je suis libre de l'emprunter et de visiter les environs. Agréables moments.

---

[21] Marque fondée en 1887 par Charles Terrot, absorbée par Peugeot en 1959.

Pendant mon passage au bureau dessin, j'ai eu en pension un petit singe. Curieux de voir nos activités, il avait tourné quelques temps autour du bâtiment avant que je me décide à l'attraper. Pour ce faire, une corde, un petit pot de verre et des cacahuètes. Dans sa gourmandise, le singe enfile sa main dans le pot, attaché par la corde à un piquet, pour saisir les cacahuètes. Le poing fermé et ne voulant lâcher prise, il s'est retrouvé piégé. Après une approche en douceur, je suis parvenu à le faire manger dans ma main avant de lui mettre une petite laisse et de le délivrer du piège. Docile et assez vite apprivoisé, il s'est aussi rapidement mis à boulotter toutes les gommes qui trainaient dans le bureau quand il pouvait les chiper. La gomme était rare et il profitait que je tourne le dos pour les piquer. Je devais lui courir après pour les récupérer avant qu'il ne les ait mangées. Pendant les promenades à Djidjelli, il contribuait activement au succès auprès des demoiselles. Il sautait sur leurs épaules et cherchait frénétiquement des poux dans leurs cheveux.

A trois semaines de la quille, le palu se manifeste. Vais-je être libéré ? Je suis malade comme un chien. Sueurs, chaud, froid, soif, manque d'appétit. Le jour de la visite de départ arrive et je dois faire un test d'urine. Le chauffage de l'urine dans un tube à essais permet de déceler la maladie. Dans le doute, je demande à un copain déjà passé d'uriner dans mon tube. Je suis bon pour la sortie. A mon départ, le singe devient propriété de mon successeur, tout heureux de l'adopter. Devenu la mascotte de l'état-major, je ne pouvais pas me permettre de l'emmener.

De retour à Alger, je retrouve quelques connaissances de Breguet qui travaillent maintenant aux Ateliers Industriels de l'Air à Alger Maison-Blanche[22]. Ils avaient quitté Aluminium JP pour revenir dans la branche aviation, plus intéressante et remettaient en état une partie du matériel volant de l'armée de l'air. Aussitôt rentré, je file également voir un médecin spécialiste du paludisme. Son examen terminé, il me donne 30 piqûres de quinine et du *quinium Labarraque* à boire avant chaque repas. Les piqûres quotidiennes doivent être alternées entre chaque fesse. Elles sont douloureuses et je ne sens bientôt plus mon postérieur. Je me promène avec un petit coussin que je pose à chaque endroit avant de m'asseoir. Les amis se moquent de moi. Ça va durer trois semaines.

Après ce congé maladie contraint, je peux enfin rechercher du travail. J'en trouve rapidement chez Caudron-Renault Aviation qui a une usine à Boufarik, à trente kilomètres d'Alger. J'ai eu vent qu'ils recherchaient des spécialistes par Jean Pastor, un

---

[22] Aujourd'hui Dar El Beïda.

jeune connu aux chantiers de jeunesse dont les parents sont propriétaires d'un restaurant dans cette ville. Je me présente à l'entretien et suis pris séance tenante comme chef d'équipe responsable de la section machines-outils. Je prends pension chez les parents Pastor et habite dans une maisonnette à proximité de l'usine. Jean y a également sa chambre. Une troisième est occupée par René Rust, ajusteur mécanicien chez Caudron-Renault. Natif de Belfort, il a été mobilisé comme sergent mitrailleur sur bombardier LeO 451 mais n'a finalement pas pu combattre. Pour le moment, il est affecté spécial, comme moi. Je commence mon travail chez Caudron-Renault le 1er décembre 1941 et y resterai un peu plus d'un an, jusqu'au 20 décembre 1942.

Carte d'accès aux ateliers Breguet

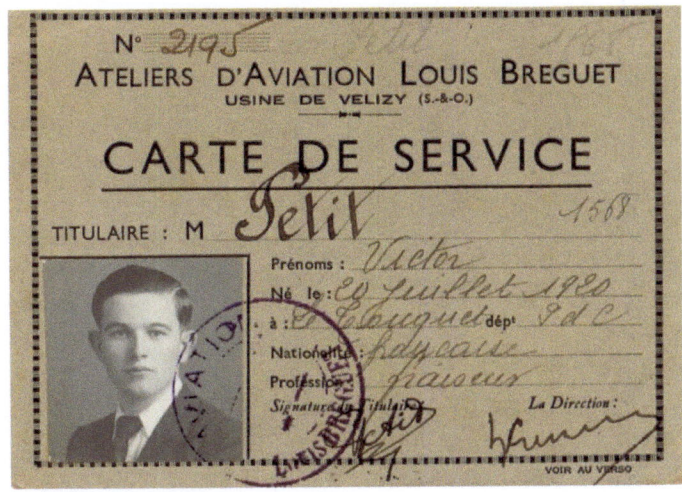

Dédicace du parachutiste Moreau

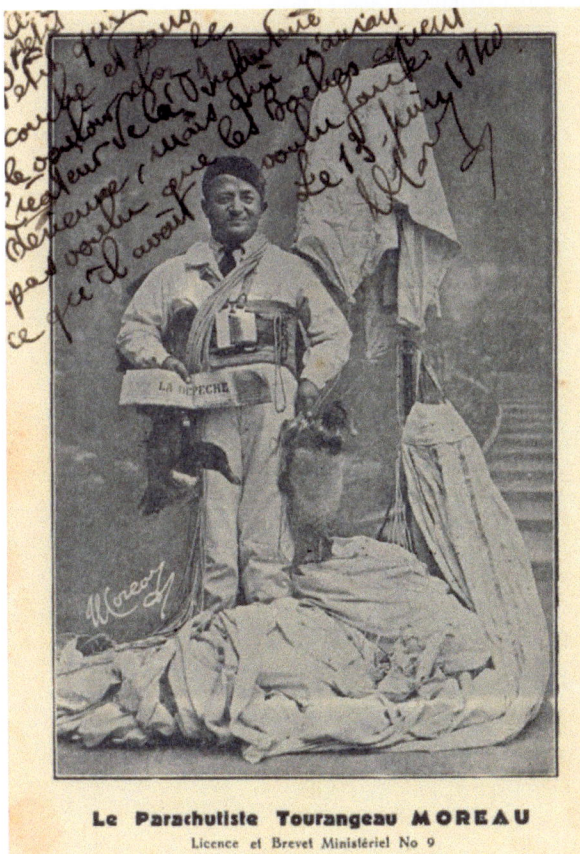

Fin juin ou début juillet 1940, Casablanca, devant le T11 *Bordelais*[23]

Juillet 1940, en train, de Casablanca à Bône

---

[23] Construit en 1928, le navire a rejoint l'Afrique du Nord après l'armistice puis a été sabordé à Toulon le 27 novembre 1942. Des travaux de renflouement ont été menés en 1944 puis abandonnés. Il a finalement été démantelé sur place en 1950.

Sauf-conduit valant Passeport P.A

MODÈLE N° 8

RÉPUBLIQUE FRANÇAISE

SAUF-CONDUIT

PARTIE A DÉTACHER

8794

Indication de l'autorité qui a délivré le sauf-conduit : **Le Commissaire Chef de la Police Administrative**

Sauf-conduit n° 8794

Valable pour *un seul* voyage (1) *aller*
du *2 juillet 1940* au *10 juillet* 1940
(Dates en toutes lettres.)

Mode de locomotion autorisé (2) : *ch. d. fer ou auto-car*

Localités ou périmètres de circulation autorisés : *Bône, Alger (et Constantine)*

M. *Petit Victor*

Numéro de la carte d'identité :
Nationalité : *Française*
Profession : *Fraiseur*
Né le *20-7-1920* à *au Touquet*
Domicilié (adresse complète) : *Viroflay (S.O.) rue de Jouy n° 118*

Signalement :
Âge :
Taille :
Cheveux :
Sourcils : *Voir photo*
Barbe :
Yeux :
Nez :
Menton :
[...]
Signes particuliers :

Est autorisé à faire usage du présent sauf-conduit dans les conditions ci-dessus indiquées.
Je certifie qu'à ma connaissance son attitude au point de vue national n'a jamais donné lieu à remarque.

Fait à **CASABLANCA**, le **2 JUIL. 1940**

Le
(Autorité qui a délivré le sauf-conduit.)

Signature du titulaire :

Sauf dispositions spéciales, le présent sauf-conduit tiendra lieu de permis de séjour dans les limites des dates fixées.
Si le sauf-conduit, une fois périmé, n'a pas été retiré au porteur à la gare de retour, il est à rendre par l'intéressé à l'autorité qui l'a délivré.

(1) Mettre, selon le cas, la mention « un » ou « plusieurs ». Le retour est de droit, sauf mention spéciale. (Voir au verso pour les séjours dépassant 24 heures.)
(2) Modes de locomotion autorisés, à pied, à cheval, en voiture hippomobile, à bicyclette, en chemin de fer, en véhicule automobile ou en bateau affectés à un transport public.

Sauf-conduit pour le voyage entre Casablanca et Bône

Août 1940, non identifié, Victor et Henri Cracco

1941, chantiers de jeunesse, camp 104, Djidjelli
Pose devant la guitoune

Passage chez le coiffeur

Insigne du Chantier de la Jeunesse Française n°104

1941, chantiers de jeunesse, à droite

1941, chantiers de jeunesse, au premier rang à gauche
Les autres jeunes ne sont pas identifiés

1941, nettoyage du bivouac

1941, le groupe Madon rassemblé

Février 1943, chambrée au 1er RCP
Deuxième en partant de la droite

Février 1943, instruction à Fez

Non daté, ski en Kabylie

Brevet de parachutiste de Victor

Avril / mai 1943, instruction parachutiste devant un Potez 540.
De gauche à droite : Fornes, Montoussé, Petit, Mitre, Soria, Bailly, Tricot, Nebot

Avril / mai 43. Premier rang : Soria, Zubler, Rabier, Fornes, Tricot
Deuxième rang : Petit, Giardinetti, Mitre, Estève, Bailly, Montoussé, Nanot, Nebot

Avril / mai 1943.
La 2e section de la 4e compagnie du 1er BCP.
Victor est au premier rang, troisième en partant de la gauche

Heureux qui, détestant les plaisirs de la terre,
Pelote un petit cul en buvant un grand verre,
Quitte l'un, vide l'autre et passe avec gaîté
Du Cul de la bouteille au cul de la beauté.

APOTHÉOSE DE TROIS MOIS D'EFFORTS

B. C. P. N° 1   4ᵐᵉ Cᴵᴱ

2ᵐᵉ SECTION

Capitaine Le Maître
Adjudants Lambert Blanchard
Sergents Chefs Morel, Midi
Sergents Valentin, chevau, Duleu, Lecoq
Caporaux Félix Joubert

Chasseurs parachutistes
Bailly   Montoussé
Bernard   Marras
Boinet   Nebot
Bonnet   Palmer
Dis...   Petit
Duprat   Rama
Etcheberry   Saorine
Escriva   Sbordone
Fornès   Seilhan
Gutierès   Serra
Jauréguiber   Soria
Jover   Tricot
Lainé   Vuillame
Mitre   Yacono
Moll   Zubler
Marin   Rousset

LE 10 MAI 1943
FEZ (MAROC)

LA CURÉE

HORS D'ŒUVRE
Pantoufles à la vinaigrette
Glaviots aux citrons
Fœtus alcoolisé
Persillade d'ovaires

ENTRÉES
Fricassée de morpions
Tripes à la mode de camp
Troquans de veau

PLATS DE RÉSISTANCE
Gigot arthritique
Carottes en sauce de foutre
Grillade de fesses
entrelardées
de mâles asticots,
Nénuphar de pissotières
à l'huile de parachutiste

DESSERTS
Fromage de tirailleurs
Crème de pucelle
Melon sous-maîtresse

CARTE DE VINS
Du gros rouge comme tout
le monde (servi dans un
urinal)

FANFARE !
Fait-toi une olive et étouffe
toi (sur l'air des lampions)

N.B. Prière au garçon de
récupérer les détritus éven-
tuels en vue d'une nouvelle
orgie
(Sic)

Hors d'œuvre variés
Calamar de l'océan
à l'américaine
Petits pois à la Française
Poulet de grain rôti à la
broche garni d'haricots verts
né
Salade de saison
Confiture aux gâteau
garnie de cerises

10 mai 1943, menu du fin de stage (photocopie provenant de Marcel Mitre)

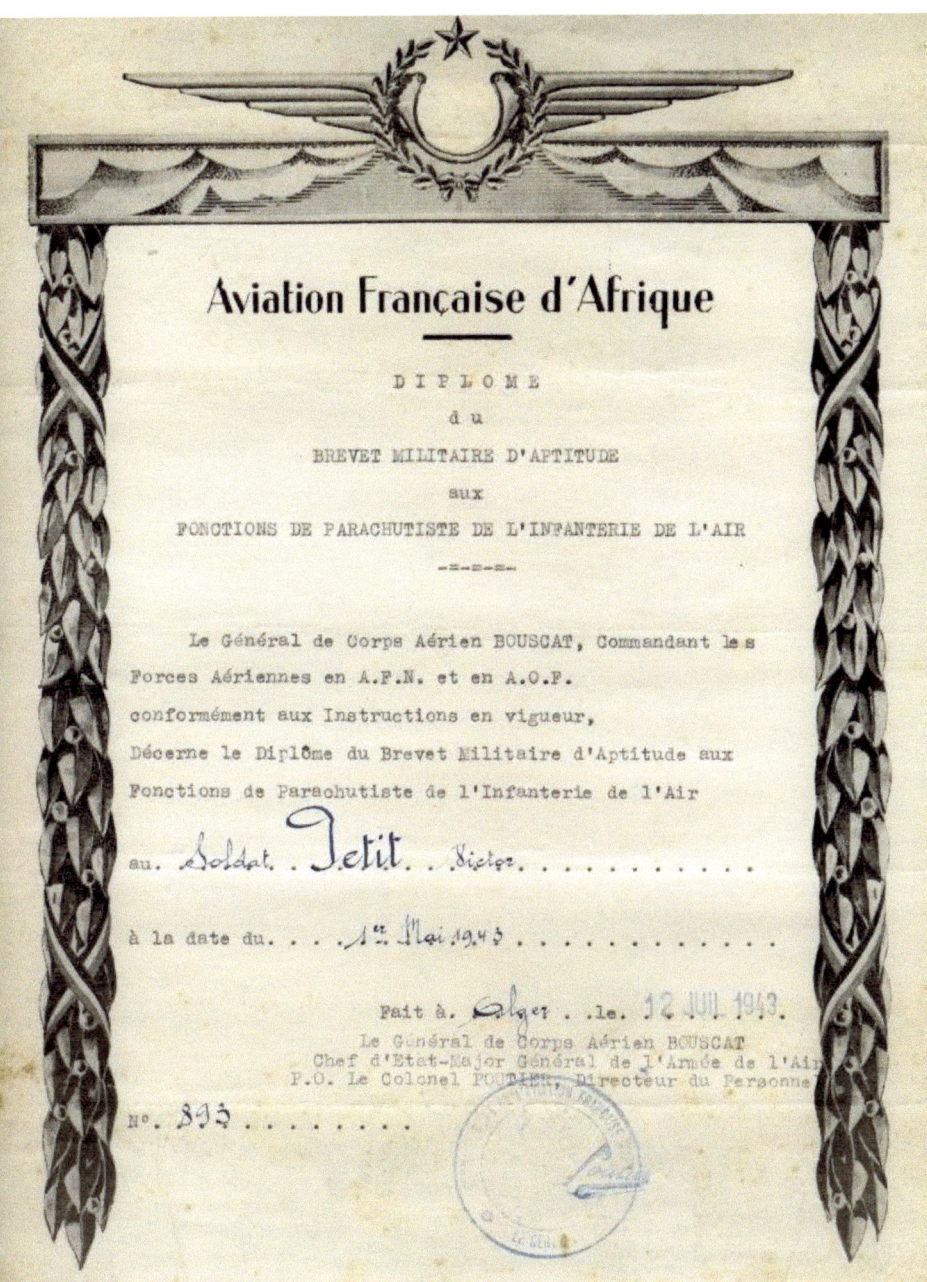

Brevet parachutiste n°893

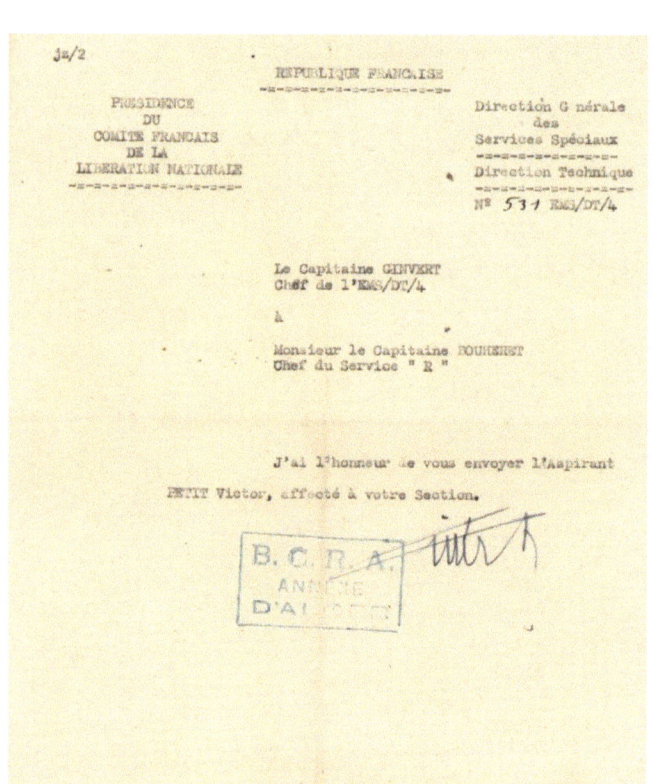

Avril (?) 1944, ordre de mission pour le service renseignement du BCRA

Eté 1944, instruction sur la plage près de Trapani

Juillet 1944, exercice aux abords de Rome.
A gauche, assis sur le muret

Août 1944, environs de Rome et Colisée

COMMISSARIAT A L'AIR
1er REGIMENT DE CHASSEURS PARACHUTISTES.

MEMOIRE DE PROPOSITION
POUR UNE CITATION A L'ORDRE DE LA DIVISION.

Nom : P E T I T
Prénoms : Victor
Grade : Aspirant
Compagnie : 6ème

"" Jeune Aspirant plein d'allant a commandé son Groupe avec calme et décision sous le feu ajusté de l'ennemi, au cours d'une contre-attaque le 6 Octobre 1944 au bois de Grettery. A été blessé.

Le 31 Octobre 1944
Le Chef de Corps,

AVIS DU ~~GENERAL~~ colonel COMMANDANT LA BRIGADE.

Proposition appuyé

P.C. le 2/11-44
Le Colonel Gruss Cdt CC1

Proposition de citation à l'ordre de la division signée par le lieutenant-colonel Faure puis par le colonel Gruss, commandant le combat command 1 de la 1ère DB

DECISION DU GENERAL COMMANDANT LA DIVISION.

Accordé à l'ordre de la 1ère Division Blindée.

26-dbr-44

Proposition de citation à l'ordre de la division accordée
par le général de division Touzet du Vigier

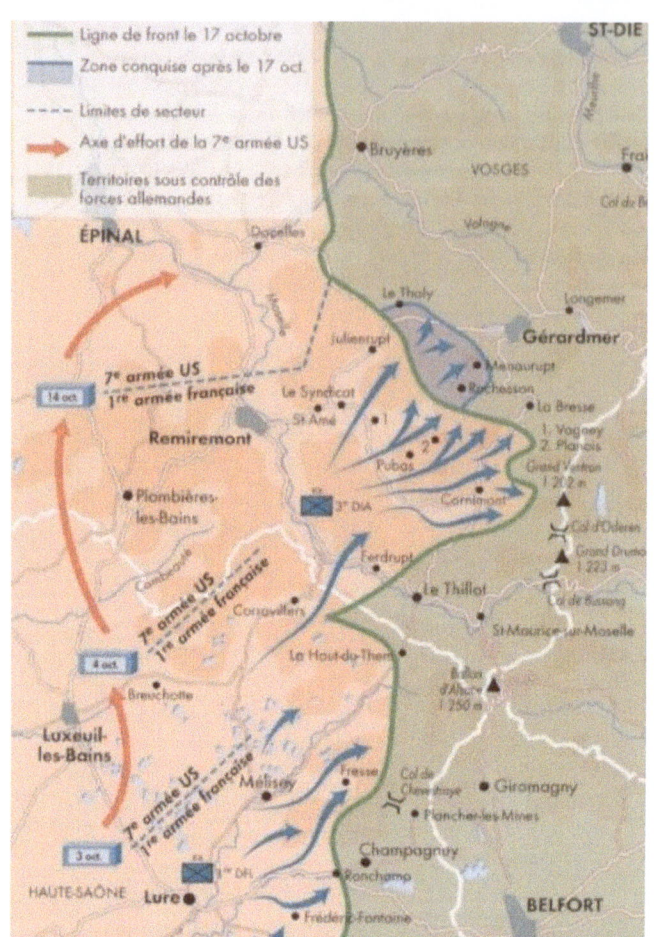

Progression dans les Vosges
(*Les Tirailleurs*, Eric de Fleurian, 2014)

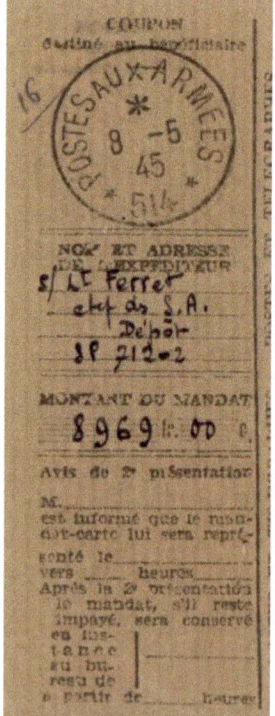

8 mai 1945, coupon de mandat des services administratifs pour la solde

6

L'engagement

La guerre continue et nous suivons quand nous le pouvons les événements à la radio de Londres avec attention et prudence, car les oreilles ennemies sont toujours à l'affût pour dénoncer les gaullistes. Le 8 novembre 1942, les forces alliées débarquent en Afrique du Nord[24]. Dans notre zone, le débarquement a lieu à Sidi-Ferruch[25], à 30 kilomètres de Boufarik, dans la nuit du 8 au 9.
Vers 4 heures du matin, nous sommes réveillés par Rolland Neu, le neveu du chef de la gendarmerie. Monté sur des ressorts, il nous annonce bruyamment la nouvelle. Dans les cinq minutes qui suivent, nous sommes sur nos vélos, pédalant comme des fous vers Sidi-Ferruch et sa plage, que nous connaissons bien car nous y allons nous baigner quasiment tous les week-ends. Nous arrivons deux heures plus tard, vers six heures trente, sur la hauteur qui domine la petite ville

---

[24] Opération Torch.
[25] Aujourd'hui Sidi-Fredj.

balnéaire. Le spectacle que nous découvrons est magnifique. Une légère brume renforcée par les fumées lâchées par les bateaux flotte sur l'eau. Impossible de compter le nombre de navires de cette petite armada. Beaucoup sont surmontés d'un ballon gris-argent servant à protéger la flottille contre les attaques aériennes éventuelles de l'ennemi. Un va-et-vient incessant entre les bateaux et le rivage amène des hommes et du matériel. Des colonnes de soldats armés et chargés de leurs sacs montent vers nous. Ils progressent de part et d'autre de la route. Dans la pénombre, nous distinguons les silhouettes surmontées de casques que nous prenons d'abord pour des casques allemands. Conciliabule rapide. Sont-ils vraiment des Américains ?

Nous nous cachons dans le doute dans une haie bordant la route et attendons quelques instants. Un homme marche sur le bas-côté, un peu en avant d'une colonne et nous arrivons très vite à distinguer sur son côté un gros drapeau américain. Sans réfléchir plus longtemps, nous sortons de notre cachette en criant de joie et de soulagement. Imprudence qui aurait pu nous coûter la vie car nous sommes aussitôt mis en joue et rapidement encerclés. Nous réalisons notre bêtise. Ces gens-là sont en guerre et débarquent dans un pays ennemi. On leur a laissé entendre qu'ils trouveraient ici de la résistance, comme il y en a eu ailleurs. Nous

nous retrouvons donc entourés, mis à genoux et les mains sur la tête, n'en menant pas large.

Nous sommes fouillés puis un homme avec deux barrettes blanches parlant un peu français nous assène de questions. D'où venez-vous ? Y a-t-il des soldats ennemis dans le secteur ? Et à Blida ? Nous nous débrouillons du mieux possible pour lui répondre et commençons à converser avec lui. Nous tentons de le rassurer et lui expliquons pourquoi nous sommes là. Nous le renseignons sur la carte et il commence à se détendre. Il se présente. Il est capitaine. Nous baissons nos mains, les sourires arrivent. Tapes dans le dos, *my friend* à gogo, bonbons, chewing-gums et cigarettes.

Nous obtenons l'autorisation, avec nos vélos à la main, de rester au milieu de la route et de descendre vers la plage, mais sans gêner la progression des troupes. Nous échangeons d'interminables poignées de main avec ces hommes venus de loin et bien heureux d'avoir pu débarquer sans tirer un seul coup de fusil. Nous passons un peu de temps à admirer le matériel moderne et neuf qui débarque et qui passe devant nos yeux. Durant la journée, nous croisons des Français en armes, militaires et résistants, qui nous posent à leur tour des questions sur notre présence, ce que nous faisons dans la région, notre travail et d'autres détails.

D'abord suspicieux et cherchant sans doute à traquer des informateurs vichystes, ils se rendent vite compte que nous ne sommes que des jeunes venus voir le spectacle. Ce n'est que quelques années après que je me rendrai compte avoir croisé ce jour Lucien Adès[26], dont j'achèterai plus tard des disques pour les enfants.

Nous ne doutons désormais plus de la proche défaite de l'Allemagne. De retour à Boufarik dans la soirée, la journée est consommée. Le lendemain à la reprise du travail, nous justifions notre absence par notre présence au débarquement. Nous ne sommes pas réprimandés mais la journée séchée ne nous sera pas payée. Tout le monde ne parle que de cet événement et René et moi sommes particulièrement excités. Après une longue discussion, la décision est prise de prendre part à la guerre et de nous engager. Dans le bureau du directeur, c'est un net refus. Il a besoin de nous comme spécialistes, étant chacun responsables d'un secteur. Il nous brosse dans le sens du poil, étant selon lui indispensables à la bonne marche de l'usine. Tant pis pour lui. A la sortie du travail, bien que nous n'ayons pas eu son feu vert, nous prenons nos vélos et partons en direction du bureau de recrutement de l'armée de l'air. Nous recevons la lettre de convocation quelques jours plus tard. Nous avons l'ordre de rejoindre nos

---

[26] Né à Constantine en 1920, il s'engage dans la résistance et devient responsable de la zone de débarquement des alliés à Sidi-Ferruch. Il s'installe à Paris après la guerre et crée les disques Adès le Petit Ménestrel en 1953. Il cède la société en 1988 au profit d'Universal Music France.

garnisons, René au groupe de bombardement *Tunisie* et moi à Baraki, à côté d'Alger.

L'usine est informée que nous partons, au grand dam du patron qui rumine encore quand nous prenons congé pour préparer nos affaires.

Je ne reverrai René qu'à l'été 1945, avant mon mariage. Il offrira nos alliances et ne sera pas présent aux noces car en mission en Syrie. Nous le retrouverons plus tard.

Le voyage n'est pas long jusqu'à Baraki. Aussitôt arrivé, il faut faire les classes. Maniement d'arme, marche au pas cadencé, demi-tour à droite, demi-tour à gauche. Pas le temps de s'ennuyer. Nous sommes nombreux à nous être engagés depuis le débarquement des Alliés. Une jeunesse a enfin trouvé le déclencheur pour se joindre à la lutte. D'autres auraient pu nous rejoindre mais la vie en Afrique du Nord n'était finalement pas si pénible que ça, loin des contraintes de la métropole, des privations et de la présence allemande.

Je passe les quelques temps libres à tourner autour de l'armurerie et me fais repérer par l'adjudant qui s'en occupe. Il voit mon intérêt et m'invite pour me présenter les différentes armes dont il dispose. Italiennes, allemandes, américaines, anglaises, françaises, tout y passe. Il me montre progressivement leur fonctionnement, démontage, montage. Cette rencontre me servira par la suite quand je serai chez les paras.

Les relations avec l'encadrement sont bonnes et il n'y a pas beaucoup de problèmes de discipline. Au détour d'une revue par le colonel, ce dernier déclare rechercher des joueurs de crapette, jeu qui se joue avec deux jeux de 52 cartes. J'ai le malheur de lever la main et me retrouve alors embringué le soir dans d'interminables parties avec d'autres jeunes engagés, des sous-officiers et certains officiers, sans pouvoir en échapper. Le chef étant très mauvais joueur, nous faisons en sorte de ne pas trop gagner pour éviter ses inévitables sautes d'humeur. Ces soirées au contact des cadres me permettent de me renseigner sur les différentes spécialités qui seront offertes à la fin des classes. Pilote, navigateur, mécanicien, mitrailleur, radio... Elles sont nombreuses.

Un matin, au rapport, l'officier de semaine annonce qu'on recherche des volontaires pour un régiment de parachutistes à Fez, au Maroc. Il sera constitué avec les cadres des groupes d'infanterie de l'air (GIA), les 601 et 602e, formés en 1937 à Reims et Baraki. Volontaire de suite, je me dis que je vais voler. Quelle naïveté ! Je volerai bien, mais dans la soute, en attendant de sauter. En effet, le colonel Geille qui commandera plus tard le régiment ne voudra jamais laisser partir les volontaires aux écoles formant pilotes et autres spécialités évoquées plus haut. Par deux fois je poserai ma candidature pour partir au Centre Français pour le Personnel Navigant en Amérique, le CFPNA[27]. J'étais jeune caporal-chef la seconde fois et j'ai été reçu dans le bureau du colonel. D'un air sévère et ferme, il m'a signifié que je prendrais 8 jours de *gnouf* si j'insistais encore.

J'arrive à Fez le 18 février 1943. La base 724 se trouve située en bordure de la caserne qui abrite le 1er régiment de la légion étrangère. Nous créerons rapidement de forts liens de camaraderie avec eux. Par la suite, certains officiers, sous-officiers et hommes de troupe sauteront avec nous.

Aussitôt arrivé, l'entraînement débute. Pauvres paras ! Nous sommes habillés d'une façon particulièrement disparate[28], chacun arrivant de

---

[27] Créé le 01 février 1943. Ne devant au départ concerner qu'environ 500 hommes, le centre, réparti sur tout le territoire des Etats-Unis, en formera finalement plus de 4000 dans les domaines du pilotage, de la navigation, la radio, la mécanique et le service de l'armement de bord.
[28] « C'est la période où la passion l'emporte sur la pauvreté, écrit Robert Wagener. Les combinaisons sont ravaudées tant que le tissu peut supporter les reprises, le cuir des casques s'éloigne vers les souvenirs et les brodequins, trop sollicités, laissent la place aux espadrilles », Pierre Dufour, *Chasseurs parachutistes*, Editions Lavauzelle, 2005.

différentes armes. Mais le moral est formidable et chacun se dépense à fond. Au vu des effectifs grandissants, le 1er BCP est créé. Très vite, le 2e BCP est constitué, notamment grâce à de nombreux jeunes Français arrivant d'Espagne et de résistants recherchés en France.

S'ajoutent ceux qui trichent sur leur âge. Certains étaient âgés de 16 ans et en annonçaient 18. Les cadres n'étaient pas dupes mais fermaient les yeux. Ces jeunes avaient souvent tout quitté et pris de gros risques pour venir. Personne n'allait les laisser repartir, et il y avait quoi qu'il en soit besoin d'hommes pour former le régiment. Ils étaient remontés à bloc et voulaient se battre, las de voir leur pays occupé et leurs familles sous la pression des Allemands. J'aurai l'honneur et le plaisir de commander ces plus jeunes au feu lorsque je serai plus tard aspirant.

A sa création officielle le 01 mai 1943, le 1er RCP est composé à plus de 60% de Français évadés de France. Je suis à la 4e compagnie, qui deviendra ensuite la 8e compagnie à la création du 2e bataillon.

« On ne peut parler d'uniforme, c'est une folklorique répartition entre les différentes tenues d'origine des hommes qui composent le bataillon », ibid.

Pour nous entraîner, nous sommes dotés de vieux parachutes de marque Irving[29] de provenance américain, et datant d'avant la guerre. Certains dépassent largement les 500 sauts et devraient être mis à la réforme mais nous n'avons que ça. Il n'est pas rare qu'un ou deux panneaux se déchirent au moment de l'ouverture[30]. Ce n'est pas grave, si ce n'est que la descente est un peu plus rapide et l'arrivée un peu plus rude. Le ventral sert souvent. Les sauts s'effectuent à partir de vieux Potez 540[31], entretenus avec amour et passion par l'équipe de mécaniciens qui mettent un cœur immense à l'ouvrage pour nous permettre d'effectuer nos douze sauts obligatoires et nécessaires à l'obtention du brevet. Les avions sont à bout de souffle. Avec deux à trois sauts par jour par parachute, chaque homme doit hâtivement plier le sien à l'issue du saut, sous le contrôle d'un moniteur.

Les huit premiers sauts se font en automatique, à une hauteur de 500 à 600 mètres. Le mousqueton

---

[29] Leslie Irving, 1895 – 1966. Pionnier américain du parachutisme. Il fut le premier à effectuer un saut en chute libre en 1919 avant de fonder la société *Irvin Aerospace*, qui produit principalement des parachutes.

[30] « La compagnie ne dispose que de 30 parachutes Irving et il n'est pas rare que le même parachute serve à plusieurs reprises dans la même journée », Pierre Dufour, *Chasseurs parachutistes*, Editions Lavauzelle, 2005.

[31] « Des Potez 540 à bout de souffle provenant des groupes de transport 1/15 et 2/15 de la base de Blida et tant bien que mal aménagés pour le saut », ibid.

d'ouverture du parachute est attaché à un câble tendu dans le fuselage entre l'avant et la queue de l'appareil. C'est du bricolage. Viennent ensuite les deux sauts de nuit, d'une hauteur entre 150 et 200 mètres. Ça va vite et nous n'avons le temps de prendre beaucoup de repères. On attend le choc bien groupé. Une fois le contact au sol, roulé-boulé et on y est, en général sans trop de casse. Viennent ensuite deux sauts en ouverture retardée, de jour, d'une hauteur entre 800 et 1000 mètres, pour permettre de faire une chute de 3 à 5 secondes avant d'ouvrir. On compte 331, 332, 333, 334 et 335 avant de tirer sur la poignée qu'il ne faut pas lâcher au risque de la laisser tomber. Les poignées de rechange étant comptées, celui qui avait le malheur de d'en perdre une retournait rapidement la chercher sur la zone de saut pour éviter la punition. Parfois en vain...

Pour les sauts de jour, il est nécessaire d'essayer d'arriver debout. Il faut tirer fortement sur les suspentes environ deux mètres avant de toucher le sol. Cela permet de s'alléger au maximum. En essayant de se mettre au préalable face au vent, ça passe en douceur.

Nous recevons en plus un entraînement spécial de type commando pour estourbir rapidement et sans bruit l'ennemi. Diverses techniques pour arriver en rampant à proximité, se mettre derrière l'ennemi, le faire tomber ou directement lui trancher la gorge.

La 8ᵉ compagnie dont je fais partie est commandée par le capitaine Chevalier. Elle dépend du 2ᵉ bataillon du commandant le Mire. Pendant l'été, le colonel Geille prend le commandement du régiment. Il remplace le commandant Sauvagnac, breveté n°1, et surnommé Toto. Geille a été breveté en Union Soviétique. Son adjoint est le commandant Faure[32], skieur de classe internationale arrivant des troupes alpines.

Le commandant Sauvagnac a été muté aux tirailleurs[33] à la suite d'une sombre histoire d'attaque simulée de la ville de Fès. Le régiment avait effectué mi-juillet un exercice avec pour objectif de prendre le bien connu café *la Renaissance*, situé dans le centre-ville. Après nous être mis en place pendant la nuit, l'attaque commence le 15 juillet au matin. Les compagnies combattent dans les rues, dans un véritable feu d'artifice de munitions et de grenades à blanc. Pourtant couronnée de succès, la manœuvre n'aurait pas été connue du major de garnison qui n'aurait de son côté pas prévenu la mairie et les autorités. Il se serait ensuite empressé de rendre-

---

[32] Jacques Faure est le porte-drapeau de la délégation française aux Jeux Olympique d'hiver de Garmish-Parkenkirchen en 1936, au cours desquels il finira avec son équipe à la 6ᵉ place à l'épreuve de patrouille militaire, précurseur du biathlon. Commandant l'équipe de France militaire de ski jusqu'en 1938, ses diverses affectations le mèneront à prendre le commandement du 1ᵉʳ RCP et plus tard de la 27ᵉ division alpine jusqu'en 1960.

[33] 3ᵉ régiment de tirailleurs algériens, avec lequel il participera aux combats en Italie puis en France.

compte de l'absence d'autorisation de l'exercice. Nous n'en saurons pas plus.

Début octobre, le régiment part pour Oujda, ville frontière entre le Maroc et l'Algérie. Il est rattaché à la 82ᵉ Airborne. C'est sur place que nous recevons enfin le matériel américain, neuf[34]. Habillement – presque du sur mesure !, armement, véhicules et même des skis. Nous sommes ébahis de voir ce luxe. Tout notre équipement se range dans deux énormes sacs de couleur verte, marqués US. Finies les tenues disparates usées par les sauts et les entraînements. Nous ressemblons au moins désormais à quelque chose, aux rassemblements. Pour se singulariser, chaque compagnie invente un panachage de tenue qui lui est propre. La 8 fait l'instruction en maillot et caleçon blanc.

Le régiment se met à l'heure de l'Airborne Training Center et tout est standardisé à l'américaine, entraînement, sauts, procédure, …

Faute d'avions, les sauts sont malheureusement suspendus et les compagnies partent s'installer dans

---

[34] Les négociations d'Anfa, aussi connues sous le nom de conférence de Casablanca, se sont tenues du 14 au 24 janvier 1943. En présence du président Roosevelt, de Churchill, de Gaulle et du général Giraud, elles ont notamment abouti sur l'équipement d'un régiment parachutiste dans le cadre du réarmement des Forces Françaises.

les montagnes enneigées[35]. Un officier spécialiste de la montagne[36] nous fera faire des séances de ski dont nous garderons tous d'excellents souvenirs. La cohésion, le moral et la rusticité des compagnies sont développés et sont au plus fort malgré l'attente et l'absence de mission donnée.

Les sauts reprennent ensuite, cette fois-ci avec des Douglas C47. Nous mettons en place des parcours de tir et un village de combat nazi est construit pour s'entraîner.

Comme déjà évoqué, j'ai demandé par deux fois à rejoindre le CFPNA, avec deux nets refus du colonel. Etant désormais caporal-chef et disposant d'un bagage scolaire, le commandant le Mire me propose de m'envoyer suivre les cours à l'école de Cherchell pour devenir aspirant. J'accepte avec plaisir, entrevoyant là encore la possibilité de partir ensuite, une fois officier, en Amérique. Je n'ai pas perdu de vue mon rêve de devenir pilote.

Nous sommes 27 sergents et caporaux-chefs à partir pour Cherchell pour compléter à terme les cadres du

---

[35] La 8ᵉ compagnie ira à Tikjda, à 70 km au Sud de Tizi Ouzou.
[36] Il s'agit du lieutenant Mailly, officier de réserve spécialiste de la montagne.

régiment. Nous réussissons tous nos examens[37] et sommes nommés aspirants le 01 février 1944[38].

Tous les élèves ne sont pas sortis de l'école avec ce grade. Certains sont des bras cassés ou des voyous et repartent sans leurs qualifications, avec le même grade qu'à l'arrivée, voire inférieur, en cas d'échecs aux examens. Après les quelques mois de formation, il est temps de rentrer. J'avais enfin fini par comprendre pendant le stage que je n'irai définitivement pas aux Etats-Unis.

Les autres rejoignent le régiment mais je reste à Alger, à El Riat, à la Direction Générale des Services Spéciaux (DGSS), qui a pris la suite du Bureau Central du Renseignement et d'Action[39] (BCRA), dépendant du

---

[37] Promotion Libération, du 01 octobre 1943 au 15 avril 1944. Sur 919 élèves, 536 sortiront avec le grade d'aspirant. La promotion était sous le commandement du lieutenant-colonel Huguet.
La durée de stage variait en fonction du grade, de l'ancienneté et des qualifications militaires déjà détenues.
[38] « La date d'attribution du grade est parfois étrange : d'un point de vue pratique, elle peut dater de l'annonce des résultats des examens de fin de stage (soit dans le cas de cette promotion, avril 1944). D'un point de vue administratif, elle date du jour où les autorités compétentes (l'EM d'Alger) l'ont validée (nomination datée du 24 mai 1944). Du point de vue de l'avancement enfin, en fonction de nombreux critères : ancienneté dans le grade précédent, titres de guerre, notes obtenues à Cherchell ».
Les règles en matière d'avancement sont plutôt anarchiques. Correspondance avec Eric Labayle.
[39] Créé en 1940 par le général de Gaulle, il deviendra la Direction Générale des Services Spéciaux (DGSS), ancêtre du SDECE et de la DGSE.

général de Gaulle. Des officiers de la direction sont venus faire de la retape pendant le stage et je me suis porté volontaire pour rejoindre le service dans le but d'exécuter des missions en France, dont la destruction des rampes de lancement des V1, bombes volantes, construites tout le long de la côte de la Manche entre Dieppe et Boulogne-sur-Mer.

Je suis reçu en entretien par un homme, sans doute militaire car en uniforme, mais sans grade apparent et qui ne s'est pas présenté. Je suis longuement interrogé et testé sur mes motivations et mes connaissances de la région. Je me permets finalement de le coller avec une pointe d'insolence. Je corresponds au profil recherché. Nous ne sommes qu'une poignée à rester pendant que les recalés repartent vers leurs unités respectives. La préparation est faite sur place. Nous sommes entraînés par des officiers et sous-officiers britanniques au close-combat et apprenons différentes méthodes et techniques commando, de prise de renseignement, le maniement des explosifs, le sabotage.

Le service est malheureusement victime de fuites et deux missions ont été mises en échec. Les hommes étaient attendus à leur arrivée. Toutes les missions vers la France sont provisoirement reportées. Nous attendons le feu vert en poursuivant les exercices et perfectionnant nos techniques. Entre temps, j'apprends que le régiment va faire route vers la Sicile. Toujours sans nouvelle pour partir en France, je demande finalement à rejoindre mon corps, demande qui est acceptée. Tant pis pour la clandestinité, je me dis que je vais retrouver mes camarades et enfin me battre.

J'arrive à Trapani en Sicile le 07 juin. Je suis récupéré avec d'autres gars à la descente de l'avion par un conducteur et un officier de l'état-major qui m'annonce que je suis affecté à la 6e compagnie, où je ne connais personne. Le commandant de compagnie est le lieutenant Drouan et son adjoint le lieutenant Bourdon. Les chefs de section sont les sous-lieutenants Loth, Bauer et Lambert. L'adjudant de discipline s'appelle Chadenat. Le régiment est installé à Paceco, à une petite dizaine de kilomètres au Sud de Trapani.

Les compagnies sont réparties dans la ville et ses alentours. Une fois déposé, je me présente aux officiers de la 6 qui sont réunis sous la grande tente servant de mess. Je retrouve avec bonheur les aspirants Ansard et Ferrand, camarades de Cherchell et adjoints de deux sections. Je suis questionné sur mes activités algéroises et le BCRA mais je ne peux m'étaler sur le sujet. Nous buvons quelques verres et je pars déposer mon barda sous ma tente avant de revenir pour la soupe. A ma grande surprise, je me rends compte que plus personne n'a les mêmes galons que quelques minutes auparavant. Je paie les frais de la farce habituelle et rituelle pour les nouveaux. Je suis un peu perdu. Seuls mes camarades de Cherchell n'avaient pas changé. J'aurais sinon deviné la supercherie.

Le lieutenant Drouan vient à moi en rigolant et m'informe que je serai l'adjoint du sous-lieutenant Loth[40], qu'il me présente officiellement. Nous discutons et sympathisons vite.

L'intégration faite, je retrouve la même ambiance et le même moral qu'avant de partir à Cherchell et l'envie de combattre est toujours aussi forte.

Le régiment se met sur pied pour prendre part au débarquement sur l'île d'Elbe, opération *Brassard*. Nous devons y être largués tandis qu'au sol débarqueront la 9e Division d'Infanterie Coloniale, le 2e groupement de Tabors marocains, les commandos d'Afrique et le bataillon de choc, soient 12000 hommes environ. Les Américains doivent fournir les avions nécessaires à notre transport. L'opération était d'abord fixée au 27 mai mais a été repoussée au 17 juin. Les 9 et 10 juin, répétition générale avec largage de nuit, qui coûte au régiment cinq morts et de nombreux blessés. Malgré cela, les compagnies sont prêtes, les missions sont connues à fond.

Les avions n'arriveront, hélas, jamais. Les Américains en ont besoin de toute urgence en Italie. La déception est grande, surtout que le débarquement par mer de la 9e DIC est effectué sans notre participation.

---

[40] Daniel Loth, brevet n°1299. Il commandera une compagnie du 1er BEP en Indochine, où il sera fait prisonnier en octobre 1950 et passera quatre années dans les camps.

2000 Allemands sont faits prisonniers au prix de 250 tués et 650 blessés. Parlant de cette opération, le général de Lattre écrira :
- Il est sûr que si cet assaut terrestre fougueux avait pu, comme je l'avais demandé, s'accompagner d'une action aéroportée, le succès aurait été plus facile et plus rapide.

Le moral est sérieusement atteint. Le baptême du feu est remis à plus tard. Dans l'attente, c'est entraînement, marches, tirs et sauts, avec encore quelques pertes. De l'arrière, nous suivons quotidiennement l'avancée des forces alliées en Italie.

Début juillet, nous embarquons dans un train pour Messine, d'où nous traversons le détroit pour rejoindre le continent. Nous remontons ensuite la botte en train, sur voie unique, remise en état par le génie américain. Dans leur retraite les Allemands avaient équipé des locomotives avec un très gros soc central qui coupait les traverses au passage. Toute la voie était détruite et le génie américain avait dû se mettre à la tâche. Il a fallu refaire tous les ballasts pour reposer traverses et rails. A raison d'un kilomètre par jour, c'était une performance. Nous stoppons dès le deuxième jour. La voie n'est pas complètement réparée et il est impossible d'aller plus loin. Patientant aux abords des wagons, nous assurons la protection du train. Les arrêts peuvent durer quelques minutes comme plusieurs heures et le départ impromptu du train laisse derrière lui des retardataires qui doivent parfois courir pour le rattraper.

La voie est coupée. Des camions arrivent et il faut tout transborder avant de tout recharger dans un autre train plus loin et de pouvoir reprendre le trajet. Nous sommes par moments survolés par d'immenses flottes de bombardiers accompagnés de chasseurs qui montent vers la ligne de front. Au fur et à mesure de notre progression, nous percevons parfois un lointain grondement : les explosions des bombes sur les objectifs. Sensation agréable, si on peut dire, de constater que cette aviation formidable est là pour appuyer les troupes au sol. Nous passons à Naples puis contournons de nuit à la lumière de la lune le mont Cassin, paysage de ruines, où tout est dévasté.

Une fois à Rome, nous nous installons dans les faubourgs de la ville. L'accueil de la population est plutôt agréable. Il n'y a pas d'animosité, aucune hostilité. Nous resterons une quinzaine de jours en semi-repos, en attendant notre départ pour, à ce que les bruits disent, débarquer en Provence.

Le régiment reçoit son drapeau et une messe est célébrée en l'église Saint-Louis des Français. Le 14 juillet, le général Béthouart reçoit tous les officiers au siège de l'ambassade située au palais Farnese et une audience est accordée par sa sainteté le pape Pie XII.

L'entraînement reprend, mais de façon moins soutenue qu'en Sicile. La proximité de la Ville Éternelle, l'attrait des jeunes romaines, les dégagements dans les hôtels et bars provoquent un net relâchement et de nombreux excès. La police parachutiste est créée et a fort à faire pour récupérer les jeeps volées ou séparer les fréquentes bagarres entre alliés Français, Américains, Britanniques,...

Nous sommes à cran et attendons pour prendre part à l'opération. Une fois de plus le régiment est laissé en réserve. Le général de Lattre en parlera dans son histoire de la 1ère armée. Ça râle sec dans les rangs et le colonel organise une marche de six jours dans les environs de Rome pour calmer les ardeurs de tout le monde. Les étapes sont de 25 à 40km et se font entre 3 heures et 10 heures du matin en raison des fortes chaleurs. Une erreur de topographie amènera une compagnie à traverser le Vatican.

C'est la 1ère division parachutiste américaine qui sautera au Muy et à Carnoules près de Draguignan dans la nuit du 14 au 15 août. L'amertume est grande, d'autant plus que le RCP est le seul régiment opérationnel à ne pas encore avoir connu son baptême du feu. Des informations arrivent de France. La 1ère armée approche de Valence, la résistance allemande faiblit en Normandie et le maquis du Vercors est tombé, sans avoir reçu la moindre aide.

7

La campagne de France[41]

C'est un régiment désabusé qui reçoit l'ordre, début septembre, d'embarquer pour Valence. Les avions se poseront à Chabeuil. Le régiment s'installe dans les environs et reste en alerte. Le ravitaillement en essence exige de chaque compagnie des miracles d'ingéniosité qui ne sont pas sans rapport avec l'entraînement commando. Il s'agit la plupart du temps de dérober des jerricans sur les camions américains ou des fûts de 200 litres dans les dépôts.

Une opération aéroportée au profit de la 1ère armée française est prévue pour le 15 septembre, face à la trouée de Belfort, avec pour objectif de libérer l'Alsace.
Pour préparer le débouché du 2e corps d'armée commandé dans la zone par le général de Monsabert, le régiment serait largué deux heures avant l'heure H au-dessus de Thann et Cernay. Après avoir bloqué les

---

[41] Victor reprend ici en partie les éléments mentionnés dans les ouvrages de référence.

voies de communication, il devra progresser en fonction de la situation générale soit vers Mulhouse, soit vers les vallées vosgiennes afin de donner la main aux éléments venant du ballon d'Alsace et de Bussang. C'est une excellente mission et nous nous réjouissons d'enfin aller au combat. Nous recevons les ordres et les transmettons à nos subordonnés. Mais la manœuvre d'ensemble de la 1ère armée, tracée par le général de Lattre ne peut s'exécuter dans les délais prévus. Encore raté ! Eux aussi excédés par ces reports continus, le colonel Geille et le commandant Faure sollicitent le général de Lattre pour avoir l'honneur de combattre sans plus attendre.

Le régiment est alors mis à la disposition du général de Montsabert. Nous quittons Chabeuil et remontons en camions jusqu'à la région de Luxeuil et Faucogney-et-la-Mer. La nouvelle manœuvre tend à déboucher en Alsace vers Guebwiller à l'Est et vers Bussang et Oderen, plus à l'Ouest. La 1ère DB et ses trois *combat command* sont chargés de l'action sud. Elle est renforcée par le 1er RCP, les commandos de choc, de corps-francs et de la brigade Alsace-Lorraine commandée par le colonel Malraux. Dans la journée du 2 octobre, deux bataillons américains qui tiennent la forêt de Longegoutte et le village de Ferdrupt se replient de façon inopinée. Ce retrait oblige le régiment à envoyer sa section de reconnaissance et le contact est vite pris avec les Allemands. L'aspirant Henri Bergé[42], un de mes bons copains connu en Algérie, est tué. C'est le premier mort du régiment des combats de la Libération. La compagnie est transportée en hâte à Rupt-sur-Moselle. Le 3 à midi, Ferdrupt est occupé. La 10e compagnie suit et s'enfonce dans la soirée dans la forêt du Gehan. La 9 la rejoint dans la nuit et l'aspirant Decroy et le sergent Lefèvre[43] sont tués. Dans la journée du 4, la progression se poursuit vers le col de Morbieux. La mission est de déborder le village du Thillot par le nord.

La 4e compagnie tombe sur les Allemands et un furieux combat qui durera quatre heures débute. La 3e compagnie d'appui a pu mettre ses mitrailleuses lourdes en batterie. Les Allemands sont contraints de se replier. Beaucoup de pertes chez nous. Chez les frisés aussi. La nuit tombe, on souffle un peu.

Le colonel Geille[44] décide alors une manœuvre qui ne se trouve dans aucun manuel d'infanterie et qui réussira grâce à l'exceptionnel entraînement individuel des hommes. Il s'agit de mettre toutes les compagnies les unes derrière les autres, en colonne par un, et de profiter de la nuit pour s'infiltrer chez l'adversaire en exploitant la discontinuité de sa défense. La nuit est très noire. Chaque para doit tenir le précédent par sa musette. Nous formons ainsi un immense mille-pattes

---

[42] Selon certaines sources orthographié *Berger*.
[43] Selon certaines sources orthographié *Lefebvre*.
[44] Sur proposition du commandant Faure.

qui chemine silencieusement à travers le dispositif ennemi[45]. Ça passe !

Au petit jour, le régiment s'est enfoncé de huit kilomètres dans la forêt du Gehan. C'est pendant cette progression de nuit que je me suis retrouvé à dormir en marchant. Pendant combien de temps cela a-t-il duré ? Je n'en ai pas la moindre idée. Drôle de sensation de se réveiller pendant qu'on marche. Je n'avais pas lâché le sac du sous-lieutenant Loth qui me précédait. Par la suite, en discutant avec les gars, j'ai pu constater que je n'avais pas été le seul à m'être assoupi de la sorte.

La 10 s'approche du col de Morbieux et une patrouille discrète permet de reconnaître les positions des Allemands. Ceux-ci sont occupés à aménager leurs emplacements et ne voient pas la compagnie se déployer pour l'assaut. L'attaque est brutale. La surprise est totale et de nombreuses armes sont prises, dont deux canons de 150mm qui sont détruits dans la foulée. Les pertes allemandes sont nombreuses. L'infiltration continue et le 1er bataillon s'installe sur le col pendant que le 2e continue vers la Tête du Midi. Seul le régiment a réussi à trouver la faille dans le dispositif allemand, grâce à cette fameuse marche du mille-pattes qui restera dans les annales. Les autres unités, les 3e et 7e RTA dans la forêt de Longegoutte et la 1ère DB au Tillot, sont restées à piétiner les 4 et 5

---

[45] Cet épisode est relaté dans la quasi-totalité des ouvrages relatifs au régiment.

octobre. Le 1er bataillon est toujours entre Morbieux et Saulxures-sur-Moselotte et repousse les assauts.

Le col reste entre nos mains. Beaucoup de morts chez l'ennemi. Dans la forêt de Longegoutte, les tirailleurs bloquent un temps la progression des Allemands, qui finissent par parvenir à s'enfoncer entre le col de Morbieux et le col du Rhamné, coupant ainsi notre dispositif en deux, et isolant le régiment qui ne peut plus recevoir son ravitaillement, ni évacuer ses blessés.

Les chevaux de la batterie allemande capturée sont abattus et leur viande consommée crue ou presque. Il est interdit d'allumer du feu, chose de toutes façons difficile avec la neige ou la pluie qui tombent sans arrêt ou presque. Ce sera notre seule nourriture pendant ces quelques jours.

Avec la section, nous parvenons cependant à cuire la viande. Au BCRA, j'ai appris que l'explosif contenu dans les grenades brûle en fusant. En confectionnant de petites boulettes de la taille d'une noisette, chacun parvient discrètement dans son trou à faire cuire les bouts de viande et faire chauffer un peu d'eau. Il fait froid, la neige tombe et fond sur nos uniformes. Nous sommes trempés jusqu'à l'os. Coupés de l'arrière, le commandement décide d'effectuer une série de coups de mains pour semer la panique chez les Allemands et essayer de percer.

Pendant la première escarmouche, je prends un choc à la tête. Je passe rapidement ma main sur mon front et sur les côtés. Pas de sang. Je continue à progresser avec mon groupe. Les combats sont violents, ça tire dans tous les sens. Un peu plus tard, je retire rapidement mon casque pour contrôler. Je constate un trou sur le côté et que le casque fait un bruit métallique en bougeant. La balle n'a percé que le casque lourd. Je suis pris de sueurs froides. Les gars du groupe qui assistent à la scène sont stupéfaits. J'ai eu chaud.

Les combats reprennent et je suis blessé au bras pendant un nouvel assaut. Alors que j'avance en tirant, la balle ennemie vient se loger entre la crosse de ma carabine et ma main. L'Allemand d'en face devait viser la tête. La douleur est violente, je lâche mon arme et tombe au sol en poussant un cri de douleur, recourbé sur moi-même, en tenant mon bras contre mon corps. Je suis sous le choc. La balle est entrée par la paume au niveau du poignet et est ressortie par le coude, transperçant mon avant-bras dans la longueur. Une équipe de brancardiers se porte quelques instants après à mon secours. Je suis rapidement porté vers l'arrière de la compagnie mais il est impossible d'être évacué plus loin.

Les premiers soins sont rapidement faits pour arrêter le saignement et maintenir le bras. Les infirmiers me donnent des doses de morphine pour atténuer la douleur. Je devrai attendre trois jours pour pouvoir être évacué. Trois jours sous la pluie, dans le froid et l'humidité, un peu à l'arrière des combats mais si proche de l'ennemi. Une contre-attaque victorieuse de leur part aurait définitivement scellé le sort des blessés, dont les plus graves sont morts faute d'avoir pu être secourus à temps.

Le 9 octobre dans la soirée, le 3e RTA de Toto Sauvagnac renforcé de blindés réussit à faire passer quelques ambulances et des camions de ravitaillement jusqu'au PC. Les blessés sont pris en charge et le ravitaillement distribué aux compagnies. Notre ancien chef a particulièrement à cœur de se porter au secours de ses anciens paras et parvient à prendre quelques minutes pour venir aux nouvelles des blessés avant de repartir au combat.
Je quitte définitivement le front, la guerre est finie pour moi.

8

La fin

Rapidement pris en charge dans une antenne chirurgicale située aux environs de Rupt, je suis opéré par le commandant Baumann, chirurgien de la marine. Les trois jours d'attente n'ont pas arrangé ma blessure. Il parvient à éviter l'amputation tout en réussissant à suturer les nerfs commandant mon auriculaire et mon index. Malheureusement, mon coude est en bouillie, complètement détruit par le projectile. Il ne peut être reconstitué et deviendra en jargon médical un coude ballant.
Après l'opération, je me retrouve en réanimation au milieu de nombreux autres blessés, dont l'état est plus ou moins grave. On me donne à boire à la petite cuillère. La blessure me fait horriblement mal. Un infirmier passe et me fait une piqure qui m'envoie au pays des rêves. Je suis ensuite transféré vers l'hôpital de Vesoul. Brancardé par des indigènes du service de santé, je suis déposé dans une chambre. Voyant que je suis dans le brouillard, les deux individus en profitent pour s'approprier le reste de mes effets personnels

déposés sur mes pieds. Adieu casque, brelage, paquetage, papiers, argent et P38 pris à l'ennemi. Ils ne me laissent sous ma tête, me servant d'oreiller, que ma musette contenant quelques affaires de toilette et un peu de linge. J'ameute en braillant tout un tas de gens dont le colonel en charge de l'hôpital. Un capitaine blessé et allongé à côté de moi s'est de son côté fait délester de ses bottes en cuir et de son blouson, posés à côté de lui. Malgré la promesse du colonel de retrouver les coupables, rien ne nous reviendra.

Après quelques jours à Vesoul, je suis transféré à Dijon, à l'hôpital 413, terminé par les Allemands pendant la guerre. Sur place, lors de la première visite matinale, un chirurgien civil veut à tout prix bloquer mon avant-bras dans une position soi-disant plus adaptée que celle du coude ballant. Devant sa cour composée d'autres médecins, d'internes et d'infirmières, il explique en termes techniques qu'il mime très théâtralement ce qu'il va faire. Je l'interromps.
- Non docteur, vous ne toucherez pas à mon bras. Le commandant Baumann qui me l'a sauvé m'a bien expliqué et insisté sur le fait de le laisser guérir de cette façon et de ne rien modifier à son travail.
Il fait fi de m'écouter et menace de m'expédier dans un hôpital à Montpellier si je ne plie pas. Hors de question qu'il fasse n'importe quoi, je refuse catégoriquement. Et hors de question qu'il m'envoie

ailleurs. Parti depuis plus de quatre ans, je veux au plus tôt pouvoir rejoindre un hôpital en région parisienne ou dans le Pas-de-Calais pour revoir mes proches. Il menace encore de me virer ou de me faire accepter son choix de traitement. Je l'envoie paître, ce qui a beaucoup fait rire mon voisin de chambrée. Il abandonne et part en grommelant, suivi par son cortège. Une des infirmières qui a assisté à la scène est revenue plus tard pour refaire mon pansement et a raconté que le chirurgien avait fait une demande de transfert. Heureusement, une collègue bienveillante du secrétariat qui avait eu vent de l'histoire l'avait laissée sans suite.

J'apprends par la même occasion la formation d'un train sanitaire pour évacuer les blessés vers Paris. Il va falloir patienter encore un peu. Les visites du chirurgien qui suivent l'altercation sont justes cordiales. Juste un « ça va aujourd'hui ? » et il passe au patient suivant. Tant mieux.

Pouvant marcher, je suis transféré vers une clinique de Dijon dans les jours qui suivent et presque aussitôt inscrit sur la liste pour le premier train en direction de Paris. Le moral remonte. Je fais la connaissance du lieutenant-colonel en retraite Pasqualini et de sa famille. Ancien lauréat de l'Académie Française[46], il

---

[46] Son poème *Pages de gloire* a reçu le prix Caroline Jouffroy-Renault en 1937.

vient visiter les blessés et distribue quelques denrées pour soutenir les hommes. C'est peu de choses compte tenu des privations mais c'est le geste qui compte. Il est parent avec un camarade de l'ENP, Cyr Fernand, que j'avais recroisé à Alger en 1942. Il était alors sous-officier dans les blindés. J'apprends qu'il a été mortellement blessé lors du débarquement des Alliés à Alger, dans un des seuls secteurs où il y a eu une résistance des vichystes. Je resterai par la suite de nombreuses années en contact avec lui et son épouse, jusqu'à leur décès presque simultané.

Les bruits de ces derniers jours sont confirmés, le départ en train sanitaire pour Paris arrive enfin le 23 novembre. Les voies de chemin de fer et les ponts sont réparés. De nombreux blessés sont allongés sur des brancards spécialement disposés sur deux hauteurs. Les voies ne permettent pas encore de rouler vite et nous avons le temps de voir passer le paysage enneigé ainsi que les dégâts occasionnés par la retraite des Allemands et par les combats qui ont parfois été violents, attestés par les maisons et sites en ruines. Le train mettra deux jours à rejoindre la capitale. Entre temps, dans les wagons, les conversations passent le temps. Chacun raconte sa guerre et ses blessures. A l'exception des blessés légers qui veulent pour la plupart au plus vite retourner au front, nous n'avons en tête que de revoir nos familles.

Le train arrive en gare de Lyon vers 10 heures du matin le 25 novembre. C'est la pagaille. Le train est le premier à arriver et rien ou presque n'a été mis en place pour nous accueillir et prendre en charge les blessés les plus graves. Une partie, pour la majorité des hommes du rang, est dirigée vers le Val-de-Grâce. Les sous-officiers et officiers doivent attendre. Nous sommes regroupés dans une salle à peine chauffée et un lieutenant médecin nous annonce notre transfert à l'hôpital Léopold Bellan, situé dans le 14e arrondissement, non loin de Montparnasse. Je pense de suite que je pourrai envisager de rejoindre Meudon pour rendre visite à la famille Visage que je n'ai pas vue depuis mon départ. Ils n'ont pu avoir de mes nouvelles que par une correspondance que j'entretenais avec Odette.

Des ambulances arrivent en milieu d'après-midi et les blessés les moins mobiles sont transférés en priorité. Nous arrivons comme un chien dans un jeu de quilles. Tout juste réquisitionné, le personnel de l'hôpital est surpris de nous voir arriver si tôt alors qu'il fête les catherinettes aux infirmières encore célibataires. La fête est interrompue et nous sommes tous très vite et très bien pris en charge. Nous sommes cinq dans une grande chambre, assez spacieuse. Tout le monde est installé et les blessés ambulatoires se retrouvent en début de soirée au sous-sol pour finir de fêter les catherinettes avec un personnel médical réduit. Nous partageons nos quelques vivres et les cigarettes américaines, dont les médecins et infirmières sont très friands. Ne fumant pas, je fais le généreux et suis très sollicité.

Dès le lendemain soir, après avoir passé la journée à divers examens médicaux, je décide de partir pour Meudon. Vêtu de ma tenue de combat et d'une grande chemise américaine servant à envelopper mon plâtre qui entoure mon torse et mon bras, je fais le tour du bâtiment pour trouver une issue de secours. Insigne para et galons d'aspirant aux épaules, fier de ma belle allure, je choisis finalement sans complexe de sortir par la grande porte. Une voix féminine mais forte et autoritaire coupe mon élan sur la première marche du dehors. Une lieutenant du service de santé, un poids lourds de pas loin de quatre-vingt kilos, me rattrape presque en courant.
-Où allez-vous comme ça ?
-Dehors !
-Hors de question, interdiction de sortir.
-Si, je sors. Je suis en état de marcher, je vais à Meudon voir des proches que je n'ai pas vus depuis quatre ans.
Elle n'en démord pas et un colonel médecin arrive arbitrer la discussion qui tourne finalement en ma défaveur. Sans autorisation de sortie, je dois faire demi-tour, avec cependant la promesse d'être autorisé à sortir le lendemain. De retour dans la chambre, la tête

basse, je me fais joyeusement narguer mais décide de retenter le coup. Après une demi-heure, descendant discrètement, la voie paraît libre. Au moment de m'élancer, j'entends un raclement de gorge. C'est la vieille qui est postée et qui surveille toute tentative de sortie. Juste à temps, je bats finalement en retraite et me fais de nouveau moquer par mes camarades à mon entrée dans la chambre.

Après le petit déjeuner et les soins du lendemain matin, je prends la direction du bureau du colonel-médecin pour obtenir ma permission. Il me l'accorde pour l'après-midi avec obligation de rentrer pour le souper à 18 heures. En attendant, je fais le tour des chambres et vois le lieutenant Raynaud[47] de la 10e compagnie. Contents de nous retrouver, nous en profitons pour croiser les dernières nouvelles du régiment[48].

Sitôt le repas pris, direction la gare Montparnasse, à cinq minutes à pied. Métro et train sont gratuits pour les militaires. Du fait de mon grade, je m'installe en 1ère classe. Autant en profiter. Je suis très vite l'objet de regards insistants et plus ou moins curieux car ma

---

[47] Selon certaines sources orthographié *Reynaud*, Francis.
[48] Le 21 octobre 1944, après vingt jours éprouvants, le régiment se replie puis est envoyé au repos à Lons-le-Saulnier pour un mois avant de reprendre le combat et de prendre ensuite le village de Jebsheim fin janvier 1945.

tenue est plutôt légère pour la saison. Mais le plâtre isole bien. Ma chemise relativement ouverte le laisse voir et je devine dans les conversations que les gens en discutent. Je m'assoupis et émerge tout juste à la gare de Meudon. Hasard de la vie, je vois Odette sur le même quai qui s'apprête au même instant à monter dans le train d'en face pour Paris. Accompagnée par une dame qui s'avère être une cousine, elle l'abandonne pour me prendre dans ses bras, les yeux pleins de larmes. Je suis aussi très ému et ne peux m'empêcher de pleurer à mon tour. Sa cousine part seule à Paris. Nous prenons tous les deux, bras dessus, bras dessous, le chemin de chez ses parents, non loin de la gare.

Sur place, très surpris et heureux de me voir, c'est une scène de liesse suivie de longues embrassades qui m'accueillent. L'après-midi passe vite et j'ai à peine le temps de leur raconter les premières semaines de mon aventure avant de devoir rentrer et d'arriver, en retard, au souper.

Entre les soins et la rééducation, ma mère et mes sœurs viendront régulièrement me rendre visite et s'occuperont bien de moi. Je profiterai des quelques permissions de convalescence pour retourner à Meudon poursuivre le récit de mes aventures.

Début février 45, le capitaine Drouan, mon commandant de compagnie, blessé fin janvier en Alsace, viendra partager ma chambre à Bellan. En juillet, je bénéficie de permissions pour partir en

Algérie et récupérer mes affaires et papiers[49] que j'avais laissés chez les Pastor à Boufarik.

Une nouvelle vie va maintenant commencer pour moi. Arrivé à ce point, je me demande si je vais continuer ma prose. L'essentiel est dit et mon coude ballant que je traîne depuis toutes ces années rend cet exercice de plus en plus inconfortable.

---

[49] Parmi lesquels de nombreuses photographies et le brevet de parachutiste.

Epilogue

Victor et Odette se marièrent le 8 septembre 1945 et s'installèrent à Meudon. Une fois sa convalescence terminée, mon grand-père se fit reprendre chez Caudron-Renault, à Issy-les-Moulineaux, comme contrôleur principal dans les ateliers de fabrication des pièces d'avion. Il y resta d'octobre 1945 à début 1948.

Avec leur première fille, née en novembre 1946, ils partirent ensuite s'installer dans la Somme, à Dompierre-en-Santerre, où Victor fut tout d'abord employé comme responsable des équipes d'entretien des machines à la sucrerie[50]. Une seconde fille naîtra en 1950, suivie de mon père en 1954. Ma grand-mère

---

[50] La sucrerie de Dompierre-en-Santerre, aujourd'hui Dompierre-Becquincourt, a succédé à l'importante sucrerie Normand et Cie, mise en activité en 1879 et entièrement détruite pendant la première guerre mondiale. Reconstruite en 1922 grâce aux fonds des dommages de guerre, elle devient Sucrerie Centrale du Santerre et reçoit des extensions considérables et ininterrompues jusque dans les années 1970 : râperie, distillerie, four à chaux, cuves, logements sociaux. Elle a cessé son activité en 1988.
Sources : images de Picardie, académie d'Amiens et encyclopédie de Picardie.

avait entre-temps arrêté son travail de modiste pour s'occuper des enfants.

Devenu ingénieur technique, Victor prit sa retraite mi-1979. Après le décès de son beau-père, il racheta la maison de ses beaux-parents à Preuilly-sur-Claise et le couple partit s'installer la même année.

Le grade d'aspirant n'étant pas considéré comme officier, la médaille militaire lui a été conférée en 1990, et sa citation à l'ordre de la division fut revue à l'ordre de l'armée.

Homme de caractère très engagé dans la vie associative des anciens combattants, il est devenu une figure active locale du Souvenir Français, dont il a par la suite occupé le poste de président de section de nombreuses années.

En parallèle, il a conservé le contact avec les anciens des 6e et 8e compagnies, en prenant part aux activités de commémoration dans les Vosges et dans les garnisons successives du régiment.

ANNEXES

La fée de l'oasis

Fac-similé de compte-rendu retrouvé dans les documents de Victor, relatant un fait insolite durant les chantiers de jeunesse.
Rédigé par Jacques du Rouchet[51], non daté, il est recopié dans son jus, en ayant cependant corrigé les fautes de frappe.
Publié avec l'aimable autorisation de sa famille.

---

[51] Né en 1921 à Marseille, il passe son enfance entre l'Indochine et l'Algérie. Il s'engage dans les Chantiers de la Jeunesse Française en 1941 et devient assistant au camp 104 à Djidjelli. Démissionnaire en novembre 1942, il rentre en France avant de s'évader par l'Espagne et de rejoindre les Forces Françaises Libres au Maroc. Officier au BCRA, il prend part à la prise de Lyon à l'été 44 puis commande ensuite un corps-franc de la 2e division d'infanterie marocaine, avec lequel il participe à la libération de l'Alsace. Après la capitulation allemande, il sert en Indochine, dans la cavalerie jusqu'en 1949, avant de quitter l'armée.
Volontaire au sein du Bataillon Français de l'ONU, il se réengage et combat en Corée de l'été 1952 à janvier 1954. Il sert à son retour au 5e régiment de dragons de Périgueux.
Promu capitaine, il part avec son unité au Maroc puis en Algérie entre 1955 et 1958. Affecté au Service des Affaires Algériennes la même année, il commande une section administrative spécialisée dans le secteur de Melaab. Fidèle du général Challes, il fait valoir ses droits à la retraite au moment du putsch et rejoint l'OAS, sous les ordres du colonel Jean Gardes. Chef militaire du réseau France Résurrection, il est abattu dans une embuscade le 21 avril 1962.
Chevalier de la Légion d'Honneur et du Mérite Militaire, il était titulaire de la croix de guerre 39-45 avec étoile de bronze, de la médaille coloniale avec agrafe Extrême-Orient, de la médaille des Nations-Unies pour la Corée, d'une citation coréenne, du *combat infantryman badge* américain, et était chevalier de l'ordre du Million d'Éléphants et du Parasol blanc (Laos).

- Jamais, vraiment jamais, ces sacripants de Jeunes ne m'ont paru aussi mous... L'équipe des tuyaux semble avec ses marteaux battre la mesure d'un tango excessivement lent. Quant à celle du terrain de basket, ... assise sur un tas de pierres, elle contemple l'air stupide un camarade plus courageux, qui, d'une pelle fatiguée, repousse un crapaud vers un maigre buisson...... et un frisson me caresse l'échine quand je pense à la quotidienne visite du Commissaire aux travaux. Très heureusement sa moto s'entend de loin.......
- Ah grand Dieu ?????? on ne dirait pas à ce spectacle qu'on est au Groupe des Jeunes « à l'entraînement spécial ». Groupe des « crevés » si vous préférez et que là, depuis des mois, des Chefs magnifiques (je ne parle pas pour moi) s'efforcent d'accomplir un extraordinaire miracle, celui de transformer des nouilles en granit.......
Les cuistots me signalent que l'appétit du groupe est en progrès.
L'infirmier s'assure que le pourcentage de malades, vraiment malades, est toujours le même.

Alors ???? J'ai beau chercher..... je ne m'explique pas cette brusque chute de forme.
-Il ne fait ni trop chaud ni trop froid.
Le camp le mieux installé de tous ceux de l'oasis (s'il vous plaît), dans son petit bois, bien abrité du soleil, auprès du château d'eau que défendent énergiquement

un chien méchant et un petit vieux, semblerait devoir être un garant de la santé des Jeunes.
Fait à signaler : les Chefs d'Equipe sont plus abrutis que les autres.
Rapport a été fait au chef de groupe.
« En l'occurrence, il s'agit d'un fonctionnaire chef de groupe, un assistant tout gentil, tout mignon » (qui est d'ailleurs fiancé).

Nous avons décidé d'agir.
Nous cherchons maintenant comment agir et ce n'est pas si facile………. ?????
- Grande réunion à la popote- Tout le monde est là : les Chefs d'atelier, MONSTRUEUX, QUIQUI & KING KONG l'ADMINISTRATIF ainsi nommé pour son extraordinaire système pileux. Il y a aussi purée de JUPIN[52], Assistant aux travaux, Vosgien rêveur, gibier facile pour une femme un peu entreprenante, le popotier un sportif endurci, le joli Chef de Groupe et….. moi-même.

Celui-ci ouvre la séance et avec la sagesse d'un futur chef de famille pose la question « -les types sont crevés, -or, ils mangent, ils boivent, -et, ils ne foutent rien »- les autres fonctions organiques sont normales comme en témoignent la saleté des feuillets donc, ils ne dorment pas ; -je ne vois pas d'autre explication à cette

---

[52] Forme du nom de Jupiter en ancien français.

épidémie d'abrutissement. Ils ne se livrent pas à des excès, je pense ?
-Monstrueux, toi qui te charges de la discipline, as-tu remarqué quelque chose ?
Monstrueux qui a le sommeil très lourd, assure qu'il n'entend rien de la nuit.
-Ah ? Purée de Jupin ? J'ai trouvé : les puces, s'exclame le Vosgien qui se souvient de ses nuits blanches et qui depuis loge en ville chez une petite vieille bien propre.
-Messieurs, le groupe « Guynemer » ne peut capituler devant des puces ; proclamai-je énergiquement, m'étant senti visé par une telle supposition. Je suis en effet chargé de l'éducation morale du groupe et ai d'ailleurs fait récemment un laïus sur la devise « FAIRE FACE ». Et je propose une ronde pour cette nuit, ce qui est aussitôt accepté.
-9 heures, pardon 21 heures- Monstrueux siffle l'extinction des feux. Nous nous allongeons, la ronde est prévue pour une heure.

Tout semble calme ; de temps en temps, l'un de nous se gratte : il y a effectivement des puces – Voici l'heure. Nous nous levons en silence et partons laissant le Vosgien qui cherche à tâtons ses savates.
Pas de bruit. Les tentes de la 10 et de la 4 qui sont les plus proches semblent plongées dans le sommeil. Il en est de même pour le reste du camp. Nous nous regardons ébahis : les types dorment ??

-Ecoutez murmure soudain Quiqui, là-bas dans le bois............

Effectivement en tendant bien l'oreille, il nous semble entendre très assourdis les sons d'un accordéon et d'une guitare. Un même réflexe nous précipite dans la tente de la 4 dont le Chef est un accordéoniste de talent. Stupéfaction ?? La tente est vide, de même que celle de la 10, celle de la 3 et toutes les autres.

- C'est effarant ? C'est incroyable ? C'est inadmissible ?: C'est...... clame Monstrueux qui ne trouve plus de mots pour exprimer sa juste indignation. UN groupe de 196 types volatilisé. Elle est vraiment bonne.

Aussitôt conseil de guerre ; puis exécution : marche d'approche, en file indienne, sur la pointe des pieds, direction le petit bois. Devant moi la toison de King-Kong se hérisse d'émotion.

La musique se fait plus distincte. Mon cœur bat, je l'avoue. Pour éviter de briser les branches et de faire du bruit, nous suivons l'orée du bois.

Tout à coup le chef de file d'arrête si soudainement que se tête prend violemment contact avec le nez de son suivant. Un bruit mou-un gémissement étouffé. Puis le silence. Je m'approche. Ah ? je vous jure que le spectacle valait bien un nez écrasé.

Dans l'herbe, le Groupe assis en rond, silencieux, attentif, comme il ne le fut jamais ; au centre les musiciens, un accordéon, une guitare, une derbouka[53]. Et plus loin.....

Je me suis bien frotté les yeux pour y croire... une fée, une vraie fée qui dansait en robe blanche. Je détaillais, crispé, ses longs cheveux aux reflets roux, ses yeux brillants de clair de lune, son corps souple comme une palme, ses seins fermes que la danse animait. Et elle dansait tordant ses bras ainsi que des serpents. Nous regardions subjugués par la magie du spectacle.
Soudain un hurlement de stupéfaction : Ah ! Purée de Jupin !

Le charme était rompu. La fée était partie ; fondue dans la nuit dont elle était née. Les jeunes dans une galopade échevelée regagnaient leur guitoune.
Le Vosgien, ayant retrouvé ses savates était arrivé, s'attendant sans doute à bien autre chose qu'au spectacle imprévu d'une femme dansant devant son groupe. Et ce cri était parti du plus profond de son cœur innocent. Nous nous taisions, immobiles, encore sous le charme. Au loin la voix lugubre du Chef d'équipe de la 2 clamait : Elle ne reviendra plu-u-s ! et sa plainte allait loin dans la nuit.
Cette fois nous ne dormîmes pas non plus.
Un jeune nous conta qu'un soir, où avec quelques copains il jouait à la guitare, « Elle » était venue et sans

---

[53] Petit tambour.

rien dire avait dansé, et chaque soir ainsi « Elle » était revenue et avait dansé, et « Elle » n'avait jamais parlé.

A quelques jours de là, ayant déclaré que j'allais au bureau du Groupement, je me rendais, la conscience très tranquille, au Casino, en compagnie de Monstrueux qui se remettait à peine de ses récentes émotions.
Soudain : mais c'est effarant, c'est incroyable... haleta-t-il. Je me précipitais vers lui pour lui taper dans le dos. Il montrait une fenêtre du Casino. Ce fut moi qui failli tomber dans les pommes. Là-haut, rêveusement accoudée, c'était « Elle » ! « Elle » la fée !
Ô, belle esquiveuse, que de romantiques promenades avaient conduit vers nous, dont le cœur charitable voulait peupler nos nuits de songes merveilleux, n'eut-il pas mieux valu que tu gardes toujours en notre souvenir ton halo de mystère.

      Jacques du ROUCHET, Groupe II

Marche du 1ᵉʳ RCP

Probablement écrite début 1943 à Fez par le chef de musique de la légion étrangère. Inspirée par les parachutistes Jean Fumagalli et Edouard Croissant.

Refrain
Jamais l'âme triste
Ô parachutiste,
Courage, ardeur,
Car voici ton heure
Droit dans la bataille,
Bravant la mitraille
Dans le combat
Sois un fier soldat !
Suivant les traces de tes braves anciens
Ton cœur s'exalte en ce refrain :
L'aviateur te porte,
Franchis donc la porte,
La France, là-bas,
Attend ses soldats

1ᵉʳ couplet
Viens à nous, toi que tente l'aventure,
Tu pourras donner ta mesure
Tout là-haut, dans les airs, quand tu devras sauter,
Le vrai courage est en face du danger,
Pars franc, tu as le droit de dire :
« Je serre les dents pour mieux servir ! »

2ᵉ couplet
Un grand symbole est là sur ton fanion
Admire de Reims la cathédrale !
Si tu retrouves le berceau de ton âme
Deux fois brisé par leur haineuse passion
Fais leur payer parmi les râles
Avec des ruines, avec des larmes !

3ᵉ couplet
Droit au cœur, toujours tu frappes l'ennemi,
Voles au combat dans son pays,
Fais lui comprendre que sa guerre fut peu sage,
Il ne revivra pas de ses carnages,
Ne tolères plus de vaines alarmes,
Impose la valeur de tes armes !

4ᵉ couplet
La guerre pour toi ne sera pas une fin,
La France a besoin d'hommes demain.
Voulant dans leur patrie voir les gens à leur place,
Tu seras de ceux qui toujours font face !
Ne laisses pas s'éteindre ta flamme,
La lutte finit quand s'en va l'âme !

BIBLIOGRAPHIE

Sous la direction de Paul Gaujac, *Histoire des parachutistes français*, Bureau de production littéraire, 1975, 570 pages,

Colonel Henri le Mire, *Les paras Français, la seconde guerre mondiale*, éditions Princesse, 1977, 122 pages, (ouvrage correspondant à quelques différences près à la partie couvrant la seconde guerre mondiale d'*Histoire des parachutistes français*),

Eric Labayle, *L'école des élèves-aspirants de Cherchell-Médiouna (1942-1945)*, imprimerie Bussière, 1996, 716 pages,

Général Robert Gaget, *La saga des paras*, éditions Grancher, 1998, 572 pages,

Pierre Dufour, *Chasseurs parachutistes, un ciel de gloire*, éditions Lavauzelle, 2005, 309 pages,

Robert Wagener, *Etre et durer, 70e anniversaire des premières unités parachutistes*, éditions Atlante éditions, 2006, 205 pages,

Christophe Pécout, *Les chantiers de la jeunesse (1940 – 1944) : une expérience de service civil obligatoire*, Agora débats / jeunesse, 2008, pages 24 à 33 (disponible sur l'internet).